大学生职业规划与就业素质提升研究

赵　明　刘海燕　秦圣阳◎著

吉林大学出版社

·长春·

图书在版编目（CIP）数据

大学生职业规划与就业素质提升研究 / 赵明，刘海
燕，秦圣阳著 . — 长春 : 吉林大学出版社 , 2023.10
　　ISBN 978-7-5768-2467-4

　　Ⅰ . ①大… Ⅱ . ①赵… ②刘… ③秦… Ⅲ . ①大学生
—职业选择 Ⅳ . ① G647.38

中国国家版本馆 CIP 数据核字（2023）第 212933 号

书　　名	大学生职业规划与就业素质提升研究
	DAXUESHENG ZHIYE GUIHUA YU JIUYE SUZHI TISHENG YANJIU
作　　者	赵　明　刘海燕　秦圣阳　著
策划编辑	张文涛
责任编辑	李潇潇
责任校对	王宁宁
装帧设计	马静静
出版发行	吉林大学出版社
社　　址	长春市人民大街 4059 号
邮政编码	130021
发行电话	0431-89580028/29/21
网　　址	http://www.jlup.com.cn
电子邮箱	jldxcbs@sina.com
印　　刷	北京亚吉飞数码科技有限公司
开　　本	710mm×1000mm　1/16
印　　张	15
字　　数	238 千字
版　　次	2024 年 4 月　第 1 版
印　　次	2024 年 4 月　第 1 次
书　　号	ISBN 978-7-5768-2467-4
定　　价	88.00 元

前言

　　建设人才资源强国、创新型国家需要一批又一批高校毕业生的加入,帮助毕业生认清自我,了解社会和企业要求,有一个明确的职业规划,提高对职业的认知度和幸福感是高校职业生涯教育和就业指导的重要内容。近年来,"就业难"问题频频冲上热搜,对于高校毕业生而言,如何在激烈的就业市场竞争中确立自己的优势已经成为不容忽视的问题。在这一背景下,需要高校教师能够引导大学生完成职业规划并开展就业指导,使大学生了解自身性格特征与素质优势,能够从自己的兴趣爱好、专业能力等方面入手确定职业目标,这样才能使自己在就业竞争中确立优势。然而,当前很多高校开展的职业规划教育大多还停留在第一课堂或者只开展讲座,网络中虽然有大量职业规划资源,但缺乏系统性和个性化,如何在短时间内从"海量"资源中找到"有用"资源值得关注。鉴于此背景,作者在参阅大量相关著作文献的基础上,精心撰写了《大学生职业规划与就业素质提升研究》一书,旨在帮助高校大学生充分认知与把握职业规划,进而在毕业进入社会后顺利实现就业。

　　本书共有七章。第一章作为全书开篇,首先探讨了大学生职业规划的理论,如职业规划的内涵,以及大学生职业规划的影响因素、原则与方法、存在的问题等,为下文的展开做好理论铺垫。第二章结合本书主题,重点研究了大学生职业规划的制定与调整,包括大学生职业规划的制定、实施、评价、调整,从而帮助读者对职业规划有一个全面的了解。在上述章节内容的基础上,第三章与第四章重点研究了大学生就业理论与就业素质。其中,大学生就业理论主要包括就业结构性矛盾、大学生就业的准备、大学生就业的技巧、大学生就业权益与法律保障;大学生就业素质涉及大学生心理与礼仪素质、法治与安全素质、道德与人文素质、信息与网络素质。第五章与第六章主要探讨了大学生创业理论与创业素质。其中,大学生创业理论涉及创业的内涵、创业的准备与计划、创业机会的识别、创业的商业模式;大学生创业素质包括创业资金的筹措、创业团队的组建与管理、创业风险的识别、新创企业的管理。第七章为本书的最后一章,结合当前社会的热点话题,主要研究了课程思政理念下的大学生职业规划与就业指导,包括课程思政理念的提出、课程思政理念下大学生职业规划与就业的总体形势、课程思政理念下大学生职业规划与就业指导课程构建的意义与措施。

在应对就业结构性矛盾的背景下,加强大学生职业规划对于强化大学生职业规划能力、提升大学生综合能力素养,培养造就德才兼备的创新型高素质人才,同时推动大学生自我价值实现与服务国家发展战略需要相统一具有重要的现实意义。本书以传授职业规划的基本知识与技巧为出发点,旨在不断提升大学生职业能力,引导大学生了解职业规划的意义,树立正确的职业观,掌握职业规划的方法和步骤,设计科学合理的职业规划;了解大学生就业的方针政策和导向,树立正确的择业观念,掌握求职技巧,在激烈的竞争中树立优势,成功就业;培养学生的创业意识与创新素养,开阔学生视野,提升大学生的创新创业能力。

整体来说,本书结构编排合理,内容丰富翔实,语言通俗易懂,集实用性、指导性、操作性于一体。本书成果是基于社会发展、高校变革和办学探索而成的,既是著作者本人研究探索的成果,也包含着集体探索的智慧。本书在撰写过程中参考了大量的资料,同时也得到了各位同行的鼎力相助,在此表示诚挚的谢意。虽然本书经过多次的检查与修改,但难免存在一些问题,还希望广大学者积极地提出有关的建议,通过后期的修正使本书更加完善。

作 者

2023 年 9 月

目 录

第一章

大学生职业规划理论分析

当前社会,我国经济快速发展,对人才的要求也越来越高。高校作为培养人才的重要场所,肩负着培养时代发展所需人才的重任。目前,我国高校毕业生人数逐年增多,就业形势也越来越严峻。在这种情况下,高校需要深入开展大学生职业规划指导,以全方位促进人才的发展。本章重点研究大学生职业规划的基本理论内容,为下文的展开做好铺垫。

第一节　职业规划的内涵

当前我国愈加重视教育工作,大学生数量呈现逐年增长形式,大学生就业问题面临严峻考验,大学生职业规划主要解决大学生就业困难问题,改善大学生就业现状。

一、职业规划的界定

职业规划主要指将个人和社会融合,对个人职业生涯进行分析和总结,将个人兴趣、能力和特点与企业要求进行匹配,结合时代发展的特点,确定职业发展方向。大学生职业规划以大学生为基础,帮助大学生确定人生发展方向,使大学生重新认识自身价值,准确确定职业方向,增强自身核心竞争力。

我国教育部门充分发挥政策性岗位吸纳作用,启动"特岗计划",扩大研究生、专升本招录规模,将升学扩招和调整学科专业结构等工作统筹推进,培养更多应用型、复合型人才。在此背景下,大学生就业问题已经被提上工作日程,解决大学生职业规划问题属于重要内容。以电子科技大学为例,调查本科生和研究生职业规划培养情况,结果如下:

表1-1　电子科技大学本科生和研究生职业规划培养情况调查表(单位:万人)

学院	本科生		研究生	
	人数	比例	人数	比例
信息与通信工程学院	646	14.53%	687	13.40%
电子科学与工程学院	528	11.88%	763	14.88%
材料与能源学院	64	1.44%	131	2.56%
机械与电气工程学院	266	5.98%	229	4.47%

学院	本科生		研究生	
	人数	比例	人数	比例
光电科学与工程学院	260	5.85%	247	4.82%
自动化工程学院	274	6.16%	342	6.67%
资源和环境学院	76	1.71%	74	1.44%
计算机科学与工程学院	417	9.38%	458	8.93%
信息与软件工程学院	620	13.95%	259	5.05%
航空航天学院	75	1.69%	196	3.82%
数学科学学院	124	2.79%	92	1.79%
物理学院	219	4.93%	139	2.71%
医学院	16	0.36%	96	1.87%
生命科学与技术学院	88	1.98%	150	2.93%
经济与管理学院	93	2.09%	579	11.29%
公共管理学院	143	3.22%	297	5.73%
外国语学院	140	2.34%	108	2.11%
马克思主义学院	—	—	47	0.92%
格拉斯哥学院	433	9.74%	—	—
基础与前沿研究院	—	—	37	0.72%
通信抗干扰技术国家级重点研究实验室	—	—	167	3.26%
电子科学技术研究院	—	—	31	0.62%

（数据来源：电子科技大学就业网）

从表1-1中可以看出，电子科学与工程等相关学院比较关注大学生职业规划培养工作，其他学院涉及职业规划内容较少，因此，分析职业规划培养工作具有重要价值。

二、职业规划的意义

求职人员要想在激烈的岗位竞争中占据优势和主动权，需要拥有足够的就业能力。一般来讲，就业能力包括专业学科能力、求职能力、岗位适应能力以及发展能力，不少求职者在专业学科能力方面达到了一定水平,但是在其他方面却存在不足,使其在求职竞争中难以占据优势。就业技能培养针对求职人员的实际情况,从多方面通过合理有效的方式对其进行培训,增强其就业竞争力。

（一）职业规划对大学生学习的意义

1. 能够帮助学生明确学习目标

职业规划与指导是老师引导学生根据自己的兴趣爱好以及自身特长和学生本人对于就业的偏好来筛选出适合该学生就业的工作岗位。然后学生以此工作岗位为目标,在学校的学习中努力提高自身科学文化素质工作相关的专业素质,然后进一步进行分析总结,充分考虑学生不足和优势,选择出最适合学生的就业岗位。

许多在高校学习的学生对于自己的专业并不了解,只是根据学校的培养计划进行学习,对自己将来的就业求职之路没有清楚的认识,没有明确的目标。这样学生不仅没有明确的学习方向,也不会有充足的学习动力,会导致学生学习效率低下。

因此,需要各高校积极开展学生职业生涯发展规划与指导,让学生清楚地认识到自己所学的专业发展前景,并让学生亲自对自己未来的理想职业做一个定位,让学生对相关从业人员进行采访。更多地了解相关职业的知识,并尽可能地走入企业去进行社会实践或实习,这样学生在实习的过程中体验到了自己理想职业的就业方式,积累经验,日后能够更加熟练地参加工作,同时也可以看到自己所学的专业知识是如何运用到工作实际中的,这也为学生进一步的学习指明了方向,能够让学生明确意识到自己的努力方向,有了前进的目标,日后也能更好地融入相关的工作岗位中。

2. 能够提高高校学生的就业能力

对于高校学生来说,就业能力是最主要的能力之一,学校应当最大限度地开发学生的就业能力,使得学生具有专业的、强大的就业能力,能够清楚地认识到自己将来的就业岗位需要的核心竞争力。当然,仅仅依靠学生自己的能力做到这些无疑是非常困难的,这就需要高校大力推进学生职业规划与指导的实施,提高学生选择就业岗位的能力,让学生对各种就业岗位有更加深入的了解,知道各个就业岗位分别能提供哪些职业价值因子,根据自己对职业价值因子的要求来合理选择适合自己的职业,适合自己的职业肯定更能激发学生学习的热情,让学生愿意更加深入地学习相关的科学文化知识,进一步提升自己,让自己能够熟练且完美地胜任这一工作岗位。只有学生充分了解了自己理想的就业岗位,才能清楚地知道自己应当具有什么样的素质和能力,能够有针对性地提高自己的就业能力。

3.能够最大限度地让学生学以致用

当前,很少学生在就业时的工作岗位和自己所学专业有较大关联,大多数人的就业岗位与自己所学的专业知识几乎没有关联,这就造成了专业资源的浪费。首先是学生在校学习阶段,消耗各种相关的资源并花费大量的时间进行学习,最终却不能实现学以致用;其次是学生参加与专业无关的工作岗位,需要进一步重新学习,这些都是阻碍社会经济发展的因素,当然,这些因素是必然会存在的,我们能做的就是降低这些因素带来的影响。高校为学生做好职业生涯规划与指导,能够让学生清楚地认识到适合自己的就业岗位是什么样的,在学校的学习期间可以以此为目标对自己的学习方向进行调整,让自己更加符合相关岗位的工作要求。这样就能实现让更多的学生能够学以致用,这也是高校进行职业规划和指导的最重要的现实意义所在。

(二)职业规划对教师教学的意义

(1)有了足够的理论研究,可以明确界定工作的方向和意图,明确指导学生的职业规划方法。通过理论学习,借鉴其他学校的经验,可以更有效地开展工作,并为自己的学生对症下药地学习职业规划这门课程。

(2)为学生提供职业规划辅导,有利于提高学生的积极性。大多数学生没有目标,没有学习的动力,而教师的辅导有利于调动学生的学习动机,内化学生的价值观,增强学生的意识,想象未来,在积累后逐渐走出充满希望的生活困境。学生的职业规划咨询帮助学生更好地了解自己,逐步补充和完善自己。关于职业选择和就业的职业规划是在学生对自己有一些了解之后形成的。职业规划咨询将帮助学生识别自己。任何有兴趣或困惑的学生都可以参加。学生们谈论自己的问题,如缺乏对他们的特点、技能和优势的理解,不知道什么职业适合自己。这时老师可以给学生设置一些表格,学生根据表格中的项目与同学交流,如:决心、热情、外向、内向、智慧、主动性、孤立、成熟、雄心、成熟、稳定的个性、语言技能、传染性、思维敏捷,使学生可以自我评价和相互评价,以提高学生的兴趣和提高学生的语言表达能力。

(3)学科渗透课程帮助学生了解未来相关学科的具体行业和工作,学科渗透课程是指当老师说出一定的知识点来介绍相关内容时,不需要花费太多时间,但老师需要利用空闲时间上网学习,了解学科院校和专科院校,同专业不同学校的优缺点、省内外学校招生或就业的优缺点等。学科渗透课程还要求教师了解社会就业的动态,为学生选择职业做好准备,做好辅助工作。

(4)学生的职业规划课程帮助学生设定职业生涯的阶段目标和最终目标,学习规划职业生涯的方法。学生的职业规划课程有助于掌握他们的心态:对生活的态度,对职业的看法,对未来的渴望。职业规划的教学目标是了解职业、职业生涯的特点,认识自己,给自己制定职业生涯的阶段目标和最终目标,掌握职业规划的方法,从而制定适合自己的职业生涯。比如,生物专业的学生,重点是引导帮助学生了解生物学相关行业,如生物制药、生物技术、生物工程、生物教育等。

(三)职业规划对社会发展的意义

(1)职业规划有助于满足社会发展的需要。个人的职业理想必须与现实社会相联系。社会在不断变化,职业竞争越来越激烈,人们的流动性也越来越频繁。一般来说,当人们规划自己的职业生涯时,他们往往会选择适应社会发展需要的职业。可见,职业规划对人和社会都有好处。

(2)职业规划有助于实现职业理想。一个人的成功取决于很多因素。大学生规划职业生涯时要考虑各种因素,使自身的职业理想更可行。通过这种方式,一方面可以将职业理想融入日常生活、学习和工作中,逐步实现各种规划,从而有助于实现职业理想;另一方面,一旦职业生涯出现机会或挫折,它不会准备撤退或不堪重负。可以说,职业规划不一定是职业成功的保证,但没有职业规划很难取得成功。

(3)职业规划有助于获得就业机会或创业的知识和技能。职业是一个生命的过程。有了计划,有必要提前为实现职业目标做好准备。寻找工作、创业是实现职业目标的重要一步,因此,无论职业规划如何,大学生都应该学习和掌握就业创业的知识和技能。

第二节　大学生职业规划的影响因素

大学生职业规划对大学生的未来发展产生了积极的影响,而每一个大学生进入大学以后都会对自身的职业生涯进行合理的规划,并以此指导自身未来的发展,因此,研究大学生职业规划的影响因素具有现实意义。

一、自身因素

大学生的职业规划的个人因素影响比较大,大学生时期,学生的思想还没有完全的成熟,在职业生涯的规划中个人的决策与家庭的意愿都普遍存在且最终体现为大学生的个人意愿,因此,需要进一步分析。

大学生的职业规划中个人因素直接影响了规划的内容,首先是喜好因素,大学生对自身发展有着明显的喜好,而这种喜好会影响学生的未来发展和职业规划,如有的学生喜欢玩游戏,其职业规划中则偏向于游戏方面的选择;有的学生喜欢文学,因此,职业规划会偏向于文学内容。每一个学生的喜好不同则会让学生做出不同的选择而且也会对学生的未来发展产生直接影响,如有的学生喜欢大城市,就业方向是到大城市,有的则喜欢小城市,就业方向是到小城市。个人因素中一部分是受到家庭意志的影响,如部分大学生不知道自己喜欢什么、爱好什么,家庭因素就显得非常必要,简单来说,家长愿意让孩子到大城市工作,则会让学生在职业生涯中融入大城市的精力;有的家长愿意让孩子选择公务员,那么在其职业规划中就会选择公务员。总之,个人因素对大学生职业规划影响比较大,对大学生的未来发展产生了直接的影响。

自身因素是大学生职业规划影响因素的基础内容,大学生需要了解自身优势和劣势,寻找合适的工作岗位。自身因素包括兴趣爱好、气质条件、性格特点和职业能力。

在兴趣爱好方面,大学生需要了解自己的兴趣爱好,根据兴趣爱好选择工作方向,针对自己感兴趣的事情,大学生容易沉浸到工作中,做出创新性内容;针对自己不感兴趣的事情,大学生无法投入工作中,无法达到创新性目的,给大学生职业生涯发展带去负面影响。

在气质条件方面,大学生气质具有可塑性,例如,温文尔雅气质的大学生适合寻找文职类工作,反应速度较快的大学生适合寻找业务型工作。在每一个行业都需要不同气质的人才,为工作岗位做出重要贡献,大学生可以根据气质选择合适的工作岗位,确定发展方向。

在性格特点方面,大学生可以根据性格特点选择工作方向,性格特点受外界条件影响较大。大学生需要分析职业特点,将其与性格特点进行融合,选择匹配率较高的企业。

在职业长期发展过程中,大学生可以经过不断磨炼,改变性格。在职业能力方面,职业属于一种复杂的社会活动,大学生需要增强职业能力,从体力、智力、知识和技能方面增强职业能力,如大学生需进行训练项目,提高身体素质水平与免疫力水平;大学生增加学习时间,增强专业能力,不断开发智力,完成创新性工作;大学生重视行业发展方向,跟随国家发展方向实现领域突破目标。大学生根据职业能力选择合适的工作岗位,当出现职业能力和工作岗位不匹配问题时,大学生在工作过程中容易失落,一方面给工作带去不良影响;另一方面影响自己的发展。大学生在规划职业生涯过程中,需要正确评价职业能力,保证职业能力和工作岗位匹配,为事业成功搭建发展舞台,在各种工作活动中发挥特殊能力。

二、职业因素

职业因素是影响大学生职业规划的重要内容。职业规划主要指将社会事项进行分工,各个职业稳定发展,共同维护社会稳定性。根据不同类型职业,薪酬制度存在差异,部分职业风险较小,部分职业风险较大;部分职业需要进行脑力劳动,部分职业需要进行体力劳动。由于社会影响不同,大学生对职业看法存在不同想法和态度。职业因素主要包括两个方面内容:第一个方面是职业地位;第二个方面是职业声望。职业地位主要指职业在社会分工体系中的位置,职业具有不同特点,按照一定原则,职业地位具有平等性特点,在实际生活中,由于薪酬不同,劳动形式不同,社会看待不同职业有不同看法,使职业地位出现差异性问题。职业声望属于社会对职业地位的主观认识,属于职业社会评价,职业地位越高,而职业声望越高,职业声望主要包括职业社会功能、职业报酬、职业自然条件和职业要求等内容。

职业社会功能主要指职业对社会发展的价值等级,社会功能越强的职业,其职业地位和职业声望越高,以教育行业为例,教育行业为社会培养复合型人才,为社会输入核心发展力量,具有推动社会发展的作用,在教育行业中,职业社会功能较强,职业生涯愈高,职业地位愈高。职业报酬主要指薪酬制度、福利待遇、晋升空间等内容,不同职业拥有不同的薪酬制度、福利待遇和晋升空间,社会对职业报酬拥有不同看法,在普通社会发展法则中,职业报酬越高,职业声望越高,职业地位越高。职业自然条件主要指自然工作环境,包括劳动强度、安全系数、卫生条件等内容,大学生根据安全系数和卫生条件选择合适的职位。职业要求受教育程度和职业道德等影响,大学生根据专业情况和专业能力选择职业,职业对大学生要求越高,职业替代性越弱,表明这种职业具有较大的吸引力。职业声望属于综合结果,大学生受职业声望的影响来选择合适职业,大学生只有在全面了解职业声望的基础上,才可以进行良好职业规划。

三、环境因素

环境因素是影响大学生职业规划的主要内容。大学生职业规划容易受到社会经济和家庭教育等外在环境影响,环境因素主要包括社会经济影响、社会需求影响、家庭影响和学校教育影响。

在社会经济影响方面,在社会发展过程中,社会运行形式不断发生变化,社会经济发生变化,产业结构得到优化,职业发展会受到影响,因此,大学生应根据社会发展形势调整发展计划。社会经济水平影响大学生选择职业情况和难易程度,社会经济水平较高,大学生拥有更多就业途径;社会经济水平较低,大学生缺少就业途径,部分产业不需要大量工作人员,大学生就业范围被缩小,竞争力度被无形增大,对大学生选择职业存在不利影响。

在社会需求影响方面,社会需求直接影响大学生职业规划,社会需求主要指社会职业饱和度,社会需求较高,社会职业饱和度较低,大学生拥有较多就业机会,面临更多职业选择,大学生可以选择职业方向;社会需求较低,社会职业饱和度较高,大学生拥有较少就业机会,面临更少职业选择,大学生无法选择职业方向,出现大学生就业困难问题。社会需求影响大学生选择职业范围,大学生在一定经济市场范围内考虑社会需求,可以得到就业机会,在一定经济市场范围中考虑社会需求,容易失去就业机会。部分大学生无法根据社会需求增强专业技能,无法满足职业需求,无法实现职业理想。

在家庭影响方面,家长教育方式与大学生职业规划存在紧密联系,部分家长引导大学生拥有正确职业规划态度,根据社会发展方向选择合适职业;部分家长缺少职业规划意识,为大学生提供错误方式,影响大学生职业规划。大学生职业规划影响家庭经济生活和声望,家长十分关注大学生职业规划,给大学生带去无形压力,使大学生出现判断错误问题,不能选择合适职业。

在学校教育影响方面,职业规划是学校重要教育内容,学校需要开展就业指导课程,对大学生产生影响。大学生在教育旅程中遇到多位教师,每一位教师的思想都会对大学生产生影响,部分教师鼓励学生,使学生拥有职业自信,不断突破自己;部分教师不关注学生成长状况,使学生逐渐失去学习信心,影响大学生职业规划。当前,大部分企业在面试时,关注大学生学习情况,高校排名和教育情况严重影响大学生职业规划。

（一）社会环境因素

大学生职业规划受到了社会舆论和教育的影响,导致学生在职业规划的过程中会自觉按照社会发展需求和经济结构变化进行调整,体现在大学生规划上则表现为大学生规划的变动性和不确定性。以社会舆论为例,大学生职业规划中受到社会舆论影响比较大,简单来说,当社会舆论强调"铁饭碗"时,大学生的职业规划普遍偏向于稳定,即考取公务员、事业编等,其核心是追求工作的稳定性和良好的社会地位。

当社会舆论强调热门行业时,大学生的职业规划又会偏向于热门行业和热门职业,如近些年计算机、芯片、人工智能火热,这些岗位与行业都反映了社会的需求,因此,学生就会倾向于这些热门行业并直接影响了大学生在专业方面的选择,对大学生发展产生了实际影响;以教育影响为例,在教育过程中近些年大学生的职业规划教育也在积极推进当中,大学生职业规划中对学生职业规划提供了必要的指导和选择,包括选择大公司还是小公司、追求稳定还是不稳定、选择大城市和小城市,通过教育教学的方式让学生对自身职业规划有了更多的选择,而教育过程中,教育者出现的职业规划倾向性会直接影响大学生的职业规划内容,对大学生发展产生实质性影响。

(二)周围环境因素

大学生的职业规划受到了周围人群和环境的影响,甚至在某些条件下直接影响了学生的未来发展。周围人群的影响包括大环境和小气候两种情况。当然也存在一定的随机性因素,需要在分析的过程中结合学生实际情况进行合理的研究。

大环境的周围因素对大学生的职业规划影响比较大,简单来说就是大学生所在的生活、学习环境的总和对大学生的影响,也可以简单理解为校风和学校文化的建设。从大学生职业规划来看,大学生在职业规划过程中会自然受到周围环境的影响,如某些高校考研风气盛行,那么学生在职业规划中就会偏向于考取研究生;如果学校考公风气盛行,那么学生的生涯规划就会偏向于考取公务员,因为周围因素对大学生的职业规划有很强的影响力。

周围小气候的影响也对大学生职业规划产生实质影响,周围小气候包括宿舍气候、班级气候等,在大学生职业规划中如果寝室集体考研,那么整个宿舍的考研氛围明显浓厚;反之则会明显下降,班级气候与宿舍气候大体相同。从周围因素来看,周围因素对大学生职业规划的影响比较大,对大学生的职业生涯发展产生了实际上的影响,而且在发展过程中,如果周围因素出现变化,也会直接影响到大学生的职业规划内容。

第三节 大学生职业规划的原则与方法

一、大学生职业规划的原则

高校是人才的聚集地,为了满足社会对人才的要求,大多高校纷纷开设大学生职业规划指导课程。为了保证这一课程的顺利开展,在课程制订与授课过程中要遵守其原则。

首先,大学生职业规划指导要以大学生为主体。高校应当积极引导大学生进行自我考察,根据大学生的素质特征,即大学生的兴趣爱好与价值取向,同时考虑用人制度与人才市场的现状,在关注学生的基础上制订契合大学生的职业发展目标与实施计划。

其次,大学生职业规划指导要以社会为导向。产业结构不断调整,社会对职业岗位的要求也在不断变化,高校应时刻关注社会职业的需求变化,引导大学生收集、分析相关职业信息,及时调整职业规划。

最后,大学生职业规划指导要符合个性化指导。不同大学生所学专业不同、兴趣爱好不同,职业需求自然不同,因此,高校应因人而异,实事求是地指导大学生进行职业规划。

二、大学生职业规划的方法

(一)对学生进行全面的就业观、职业观教育

就当前的高校学生而论,学生对于就业观、职业观并没有清楚的认识。当前,高校中有关就业观、职业观的课程数量很少,而且许多学生都表示自己从未接受过就业观教育。即使有这样的课程也只是浅显、空洞的说教,老师在课堂上一带而过,学生并不能对职业观、就业观有更深入的了解。因此,教师在为学生进行职业规划与指导之前,应先为学生

树立正确的就业观和职业观,让学生们明白企业需要的是勤勤恳恳、愿意努力劳动的人才,而不是眼高手低、思想跳跃的初学者。学校应当开设就业观、职业观公开课,让学生对就业观有一个初步的了解,对学生进行适当的职业规划和指导。

(二)提高全体教师在就业规划和指导方面的专业素质

整体来说,高校教师的职业规划和指导能力还有待提高,对于职业规划教育课程的老师来说更是如此。学校也应当培养出更多的能够为学生进行专业的职业规划指导教育的老师,让老师能够充分照顾到每名学生,适时地对学生的职业规划和指导做出修正。但是目前的状况却是学校的许多职业规划与指导课程往往由其他老师或者是学校的行政岗人员担任,他们不具备专业的职业规划指导教育能力,对于学生的职业规划指导往往会出现较大偏差,既不利于学生日后的发展,也导致学生的专业知识与将来就业不对口。除此之外,在高校中每名老师都应当具备一定的职业规划指导知识,能够在讲解专业课的同时根据实际情况适时地引入一些相关专业的就业问题,在潜移默化中让学生了解到就业方向,也能让学生提高对专业课的认识程度。

(三)根据社会实际需求对职业规划和指导课程进行调整

当今社会随着科学技术的飞速发展,各种就业岗位也日新月异,甚至不断出现新的就业岗位。这都是高校在为学生进行职业规划和指导时应当充分考虑的,这就要求学校的职业规划与指导教育不能一成不变,要根据时代的发展不断对其进行补充和升级。同时,职业规划指导教育的老师能够做到时刻关注各个职业岗位的动态变化情况,掌握各个专业将来的就业形势和就业前景,以此为指引,指导学生对自己的职业生涯规划进行调整。老师也应当鼓励学生参与专业实习,走进工作岗位,用自己的切身感受来正确地认识职业规划。另外,要因材施教,切不可对所有学生都进行同样形式、同样内容的教育,并及时对学校的职业规划教育体系进行更新调整。

第四节　大学生职业规划存在的问题

当前,许多高校开展了职业规划与指导教育课程,但是受课程体系不够完善、师资力量匮乏、学生积极性不高等因素的影响,使职业规划与指导的实施存在诸多问题:第一,学生对职业规划重视程度不够;第二,高校的职业规划课程体系不够完善,缺乏具有专业知识的老师;第三,职业规划教育的内容不够新颖且往往流于形式。

一、学生对职业规划重视程度不够

就当前国内高校的实际而言,学生在学校中并不能接触到很多与将来就业有关的问题,学生往往只是局限在校园里,对于所学专业的认识仅仅来自自己的专业课老师,自身并不能对职业生涯有清晰的认识,这会让学生有一种就业还离自己很远的错觉。除此之外,在不同的学习阶段,随着学生自身能力的提高、见识的增长,对于就业的看法又会有所不同,这就导致了学生就业观念不清晰,不能合理认识到这一缺陷,甚至许多人认为学校开设职业规划教育课程完全就是浪费时间。这些看法显然都是错误的,学校要想实现职业规划与指导的实施,首先要纠正学生的思想,让学生主动参与到自己的职业规划中。

二、高校的职业规划课程体系不够完善

进行职业规划和指导的难点,除了学生自身的原因,还有就是高校的职业规划和指导体系不够完善,不能对学生进行完整的职业规划教育。完整的职业生涯规划与指导应当有专业的老师进行相关知识的讲解,由学生对自己感兴趣的职业进行筛选和进一步的了解,参加相应的社会实践或者对相关的从业人员进行采访,最终根据了解到的资料来对

自己的职业生涯进行规划,写出职业规划书。

这些步骤缺一不可,然而目前许多高校都没有这样完善的职业规划指导体系。而且,许多学校也缺乏专业的职业规划指导老师,往往都是由学校中职务较为清闲的行政人员担任,没有专业的知识,对于学生的职业规划知识教学往往都是根据自身经验或者喜好而定,并不能为学生规划出最合理的职业生涯。

三、职业规划教育的内容不够新颖且往往流于形式

当前,开设职业规划和指导课程的学校,往往是一个老师教上百名学生,这就给了学生浑水摸鱼的机会,老师没有足够的时间和精力对每名学生做出的职业规划进行评价和修正,就导致了学生不能认真参与。在职业规划指导的过程中学生只是简单地敷衍应付,并没有全身心投入职业生涯规划中,如在进行社会实践或者职业人物访谈时学生只是草草应付了事,甚至自己捏造一份对话记录,并没有对这些职业进行深入的了解,这就导致学校开设的职业规划教育课程形同虚设。因此,要想发挥出真正的职业规划指导作用,就需要确保职业规划课程的各个环节能够有效落实,这样才能保证职业规划教育不再流于形式。

第二章

大学生职业规划的制定与调整

高校要想做到为学生进行合理的职业规划和指导,应提高职业规划教育课程的地位,不能因为专业课而忽视了职业规划课程。学习专业知识固然重要,但是找对前进的方向也必不可少。学校应当与相关专业企业合作,在校企合作的基础上对学生进行职业规划指导教育。高校是培养更高素质综合类人才和职业工作者的重要场所,所以需要在大学生步入社会之前进行学校和社会的无缝连接,培植和丰富大学生职业规划的路径。

第一节　大学生职业规划的制定

一、大学生职业规划制定的前提

（一）理性地自我分析是个人职业规划设计的条件

个人职业规划和设计的基础是自我分析。只有知道一个人的性格、气质、能力、兴趣和自己的优点和缺点，他／她才能根据这些特征得到真正属于他／她的东西。职业选择也是如此。如果一个人天生充满活力，他／她不会选择会计专业。然而，许多人在选择职业时并不考虑自己的兴趣或性格，而是直接考虑职业的社会地位或外部影响。一个人进入会计学校，但他一直对计算机感兴趣，并在业余时间学习计算机，现在在一家私营公司做网络管理工作，且工作的表现并不逊色于他的同事。因此，充分了解自己对未来的职业选择和发展趋势起着至关重要的作用。

（二）终身学习是个人职业规划成功的保证

一项研究表明，在学校学到的知识和技能中，只有 50% 在社交生活五年后仍然有用。十年后，只有 20% 仍然有用。其中，必须根据社会发展、行业变化和就业需求来填补和更新空缺，否则会有被淘汰的危险。而这种增加和更新不是一两次，而应该体现在一个人的职业生涯中，成为一种职业意识和能力。美国著名未来学家约翰·奈斯比特（John Naisbitt）曾经说过："在一个不断变化的世界里，没有任何技能或知识可以为你服务一辈子，所以现在最重要的技能是学习如何学习。"[1] 工作和学习是不可分割的。工作是在实践中学习，学习是学习如何更好地练习，这取决于你需要什么，未来的计划是什么。因此，先学习，然后再工

---

[1]　约翰·奈斯比特. 大趋势 [M]. 北京：中华工商联合出版社，2009.

作,因为从长远来看,先学习比先工作更适合未来。

总之,大学生是人才,只要有合理的职业规划体系,相信大家都能成功。正如伟大的俄罗斯大师克里洛夫所说:现实是这条河,理想是另一条河,中间有一条汹涌的河流,而行动是跨越河流的桥梁。[①] 任何伟大的目标,任何伟大的计划,最终都会付诸行动。行动是成功的保证。只要你选择并通过积极的行动实现你的生活计划,成功就在你的脚下。

二、大学生职业规划制定的内容

（一）自我分析

没有好的职业,只有合适的职业。我们通常根据自己的喜好做出选择。选择职业的标准不应该是"其他人"认为好的,而是自己喜欢和适合的工作。通过自我分析充分了解自我,进而在此基础上选择合适自己的工作岗位。工作本身会给你带来满足感,你可以在工作时享受它,这样你就可以实现理想的生活方式,你的职业生涯变得更有趣。

（二）自我定位

在了解了自己之后,下一个任务就是给自己确立一个合理的立场。无论你是大学生还是普通人,你都需要定位自己。只有通过定位,才能合理选择职业。这个立场非常重要。如果定位太高,你可能就找不到工作;把自己定位得太低,又会导致自己无法展示自己的能力。

（三）制定行动计划

行动计划是实现目标的具体实施计划,包括时间、内容、方向等。行动是对计划的检查、监督和纠正,是计划实现的保证。一个人只能通过实际的计划和措施来实现他的职业目标。

[①] （俄罗斯）克雷洛夫著；凡夫译.克雷洛夫寓言[M].昆明:云南人民出版社,2020.

第二节　大学生职业规划的实施

一、构建大学生职业规划意识培养机制

（一）支持大学生就业与职业发展协会的组建

大学生就业与职业发展协会是为高校学生提供就业和职业发展服务，为协会成员提供锻炼平台的学生组织，主要以提高自身综合素质、增强职业规划意识、培养职业发展能力、增强高校学生就业意识为宗旨。在大学生就业与职业发展协会的实践中，每年都会定期组织简历制作大赛与模拟面试大赛和校园招聘会以及企业招聘宣讲会，邀请校内外专家在职业规划、求职技巧就业指导等方面开展一系列的专题讲座，并组织开展社会实践活动，为在校学生搭建一个展示自我能力的平台，帮助高校学生树立正确的职业价值观，提高就业竞争能力。为进一步普及职业规划知识，培养高校学生职业规划意识，引导广大学生合理规划在校学习生活，提升高校学生就业核心竞争力，助力高校学生更加充分、更高质量地就业，大学生就业与职业发展协会可以在校内定期开展"规划自我、筑梦青春"职业规划大赛。

（二）强化新生职业规划教育

为提升高校学生的职业规划意识和就业意识，应当着重针对新生展开职业规划教育。在此过程中，需要结合不同专业，邀请区域企业的管理者、人力资源管理人员等进入高校与课堂，开展新生职业规划教育。在相应的教育活动实践中，应当引导高校新生充分利用此次学习的机会，了解专业未来发展方向、工作内容和企业招聘的相关流程要求，在以后的学习生活中树立个人发展目标，提升个人综合能力，成为国家、

企业需要的综合型人才。

在新生职业规划教育活动中,邀请区域企业的管理者、人力资源管理人员,从公司简介、发展历程、企业文化等多个角度向高校新生介绍企业情况,让高校新生进一步了解企业文化和企业氛围。

二、增强大学生职业规划的合理性

(一)培养大学生职业规划能力

大学生需要增强职业规划能力,提升就业价值。高校需要开设就业指导课程,保证大学生就业指导课程有效性,为大学生积累职业规划相关知识,使大学生了解职业规划真实含义和重要性,引导大学生选择合适的职业。大学生需要增强职业决策能力,了解自身性格特点、品质、兴趣爱好和专项技能,以这些基本条件为基础,清楚职业定位和优势,为大学生选择职业提供依据。大学生需要参加以"职业规划"为主题的讲座,加深对职业规划内容的认识程度,同时,大学生需要利用课余时间与学长或者学姐进行沟通交流,了解职业规划注意事项,了解社会发展形势,为职业规划奠定基础,综合多方面内容,选择合适职业。

(二)增加大学生职业规划培训

大学生需要增加职业规划培训,使大学生对职业规划存在正确认识,保证大学生拥有合适的发展机会。面对巨大的就业压力,高校需要正确引导大学生进行职业规划,使大学生了解社会需求,引导大学生制订学习和发展计划。大学生也需要加快适应社会发展速度,根据自身能力选择合适的职业规划方向,制订合适的发展计划。

第三节　大学生职业规划的评价

一、职业规划评价的方法

（一）反馈法

准备一个记录本,记录一段时间内学习、思考的心得体会,以及参加的各项活动及其感想,然后检查并修订自己的职业规划,看看哪些事情没做好,哪些学习和工作方法需要改进,哪些能力亟须提升。

（二）交流法

交流法是指经常就自己的职业规划及执行情况与同学、老师进行交流,听取他们的建议和忠告,然后据此改进自己的职业规划及其执行方法。

（三）对比法

对比法是指将自己的职业规划及其执行情况与他人进行对比,找出自己的问题与差距,据此改进自己的职业规划及其执行方法。

（四）评价法

之所以说是全方位反馈,是因为在这一方法中的评价者包括被评价者的上级主管、同事、下属、客户等各类密切接触人员,同时也包括自评。实施大学生职业规划全方位反馈评价,要重点做好以下工作。

第一,做好同学间评议。

第二,做深自我评价。

第三,做实评价反馈。

二、职业规划评价的步骤

职业规划评价的步骤如图 2-1 所示。

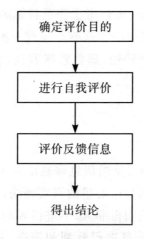

确定评价目的

↓

进行自我评价

↓

评价反馈信息

↓

得出结论

图 2-1　职业规划评价的步骤

（一）确定评价目的

不论我们做什么事,在着手之前都要考虑一下我们为什么要做这件事,即我们的目的是什么。所以,我们在做职业规划的评价工作时要首先确定评价的目的及主要任务。

（二）进行自我评价

事实上,最了解自己的人还是自己。因此,在职业规划评价中要首先进行自我评价。自我评价包括两方面的内容。

第一,按完成时间评价。

第二,按完成性质评价。

当我们做好了一份职业规划时,都会按照时间来确定阶段性任务。所以,自我评价首先就要看我们是不是准时完成了计划中的任务。如果在规定的时间内完成了所定目标,说明计划比较合理,目标和策略设定得比较得当,可以继续实施下一目标;如果在规定的时间内无法完成所定目标,那就应该进行反思,找出出现这种情况的原因及对策。我们在完成任务的时候不仅要按时,而且要保证质量。如果我们按时完成了目标,但是感到完成起来非常困难;或者感到效率很低,完成的质量不高,这时就要考虑是定的职业目标太高还是我们没有紧迫感,没有抓紧时间。若职业目标定得太高,可以考虑降低目标的难度;若我们完成计划时未抓紧时间,那就应该加强紧迫感。还有一种情况就是,我们完成了既定目标,但完成得过于轻松,那就意味着我们定的目标过低,这时可以考虑适当地提高目标。

(三)评价反馈信息

由于各种因素的影响,反馈信息容易出现失真的情况。例如,有些人碍于"面子",不肯讲出自己心里的真实想法,从而提供了一些无用的信息;有些人怕说出实话而得罪人,不进行客观评价,一味恭维。因此,要努力、仔细地对反馈信息进行甄别和筛选,从中选择对自己有用的信息。

(四)得出结论

运用科学的评价方法,在对反馈信息进行分析后会得出最终结论。一般来说,只要每个步骤都依据客观事实来执行,得出的结论就比较正确,评价工作也就顺利完成了。

第四节　大学生职业规划的调整

一、大学生职业规划调整的时机

在制定职业生涯规划时,必须留有可调整修改的余地,要依据评价反馈信息对职业生涯规划做出调整。

（一）毕业前夕的调整

最佳的调整职业生涯规划的时间是毕业前夕。在实习过程中,尤其是经历了求职实践,高校毕业生要根据实践经验和就业市场的需求来对自己的职业生涯进行调整。毕业前期职业生涯规划的调整,重点应该放在近期目标和其他阶段目标的调整,也可以是大学生今后的远期职业生涯目标的调整。很多大学生毕业进入职场之后心中都有一些落差,即实际从事的职业与自己理想中要从事的职业理想相差很大,实际收入与预期收入之间也有很大的差距。造成这种心理落差的原因主要有以下几点:一是大学生在制定职业生涯规划时,没有充分了解就业市场;二是进入职场后,所处的社会环境与本人的求职工作心理都发生了很大的变化;三是大学生还没有成功转换自己的角色,没有过渡到"社会人"。

（二）从业初期的调整

人要对自己有充分的了解,即在了解自己能做什么、想干什么之后,再站在工作的角度,适当地对自己的择业标准进行调整,最大限度地展示自己中意的工作所需要的技能与素质,以在工作岗位上取得较好的成就。在积累了一定的工作经验之后,可以根据工作过程中对自身条件的检验,再分析周围环境和自身素质发生了什么样的变化,适时转换职业并对自己的职业生涯规划进行调整。

二、大学生职业规划调整的策略

（一）评价社会因素,合理规划内容

大学生在职业规划过程中应学会对社会因素进行评价,根据评价的结果了解哪些社会因素是正确的,哪些社会因素是错误的,进而在自身评价的基础上做好职业规划工作。社会因素对大学生的影响主要是通过社会舆论而形成的,因此,在评价的过程中应找到评价的依据和对照物,通过多种条件、多重方向的评价,进而规划出符合大学生实际的发展方案。在评价社会因素过程中,要鼓励大学生找到评价的依据并积极开展评价工作,帮助大学生学会合理规划内容。首先,大学生在职业规划过程中要坚持实事求是的原则,不能好高骛远。大学生的职业规划应以近十年内的规划为主,更远期的规划可以稍微模糊一些而不必要具体。以十年内规划为主,一年一规划的方案符合大学生的成长实际,也对学生的发展提供了必要的目标,如一些大学生直接制定了未来二十年甚至三十年的目标,整个目标缺乏可行性,那么这种职业规划是无效的,因此,在课程指导中教师要让学生树立起中远期的生涯职业规划,在制定过程中鼓励大学生以年为单位制定目标方案并融入职业规划当中,通过职业规划的方案提升大学生的目标规划能力。其次,大学生在职业规划中要积极抵制一些错误的思想,社会因素中也有部分思想对大学生的职业规划产生了消极的影响,如拜金思想、自由主义、啃老思想等,这些思想导致学生在职业规划中容易出现形式主义的情况,因此在职业规划中教师要引导大学生自觉摒弃错误的思想和言论,真正制定职业规划并确保职业规划的可行。最后,大学生在职业规划中找到评价依据并通过多元评价的方案推动职业规划的合理性是大学生规划合理的有效保障。大学生在进行职业规划时会考虑社会发展的需求,如热门行业、热门岗位等,但这些内容中有的与大学生的专业不符,有的是大学生不喜欢的内容,这些都应以自身喜好、社会发展规律等为依据对社会因素进行合理的分析,在分析过程中完成职业规划的筛选,最终规划出符合自身发展实际的生涯规划方案并确保其可行。

(二)明辨周围因素,规划未来发展

周围因素的影响对大学生的职业规划影响比较大,包括大环境和小气候两种情况。大学生的周围因素对其影响并不是均偏正面或者都符合大学生的实际发展情况,因此,在发展过程中还需要进一步明确周围因素影响,通过客观分析的方式进一步规划未来发展并努力改变小气候,提升个人职业规划的能力和可行性。明辨周围因素要求大学生要从自身发展的角度去看待周围因素的影响:从学校大环境来看,高校环境对大学生个人的职业规划是比较大的,大学生要明确周围因素的影响并融入自身职业规划当中,如高校的图书馆、自习室等都有着非常浓厚的文化氛围,在这些场所中学习大学生在自身职业规划中也容易受到周围因素影响,自然在规划的过程中会出现未来发展的积极性、正面性。反之,如果学生在学校生活过程中远离正能量,如部分高校生组建的社团以吃喝玩乐、拜金为主,自然也会对大学生的职业规划造成实际影响。因此,在指导过程中要帮助大学生明辨是非,从发展的角度去看待问题并在大学环境氛围中培养出积极健康的情绪内容。从宿舍小气候来看,理想的宿舍小气候都是积极向上,考公考研或者创新创业,但在实际的学习过程中,部分宿舍的小气候并不成熟甚至会出现集体逃课等情况,因此,在学习过程中应积极做好宿舍气候的分辨,积极发挥自身能力营造良好的小气候并帮助大学生规划自身的行为,将宿舍小气候通过共建的方式实现积极向上的转变,从而实现大学生职业生涯的集体规划。总之,周围因素的影响需要大学生明辨是非,要学会在适应周围因素影响的基础上发挥自身的能量,将自身职业规划转化成为大学生发展的一部分,在发展过程中提升大学生的综合素养,提升职业规划的合理性。

27

（三）制定个人发展规划,广泛征询意见

大学生在职业规划过程中应广泛征询意见,积极发挥自身的主观能动性,并与家庭因素相结合共同形成个人发展意见并在职业规划中体现出来。广泛征询意见是民主集中的过程,既可以发挥大学生的个人主观意见,又可以帮助大学生从多角度对自身发展广泛研究,对个人职业规划具有重要意义。

制定个人发展规划需要广泛征询意见,帮助大学生在规划的过程中提升个人能力。广泛征询意见对大学生的个人发展有具体的影响,从规划情况来看,大学生职业规划发展过程中会依据自身的喜好、性格等进行规划,看似符合自身发展实际,但一些规划的内容与社会发展、家长希望背道而驰,没有可行性,在发展过程中,通过广泛征询意见的方式可以帮助大学生学会合理根据自身需求制定发展目标。以游戏为例,有的学生爱好游戏,因此,想要从事游戏职业,其本身是没有问题的,但有的大学生在职业规划中加入了想要当一名职业游戏师并规划了沉迷游戏等内容,这些属于网瘾而非职业规划的内容,在制定时通过广泛征询意见的方式让大学生认识到这一点从而改变自身想法,纠正自身的错误行为。此外,广泛征询意见还可以帮助大学生制定一些具体的目标,如去考公、考研还是就业是学生职业规划中必不可少的内容,通过广泛征询意见的方式可以让大学生对这三方面的内容有进一步的了解,从而在发展过程中进一步改善自身行为和思想，在发展过程中帮助大学生解决实际问题并促进大学生学会合理规划自身发展。

（四）做好评价反馈，适时调整目标

大学生在职业规划过程中应学会评价反馈并根据实际发展的情况有意识地调整发展目标，从而确保整个职业规划的内容符合发展的实际，符合特定的职业规划要求，对大学生职业发展具有十分重要的意义。大学生的职业规划能力整体偏弱而且在发展过程中容易受到多种因素的影响，因此，在发展过程中通过指导大学生评价反馈的方式学会合理调整目标，如近些年短视频在学生群体中产生了积极的影响，部分大学生在职业规划中明确了短视频营销的具体目标和职业规划，但在发展的过程中发现自身并不适合短视频营销，而且在发展过程中自身的营销目标也没有完成，这种情况下则需要引大学生调整自身的职业规划内容，选择自己喜欢的方向和专业性内容开展职业规划而不是盲目追寻短视频营销的职业规划，从而提升大学生营销职业规划的能力。适时调整目标是大学生生涯规划成熟的重要标志，在发展过程中需要逐步培养大学生的规划能力和自我调节意识。

大学生职业规划对大学生未来发展产生了积极的影响，在发展过程中高校要积极剖析影响大学生职业规划的具体因素，包括社会因素、周围因素和个人因素等，并根据大学生实际情况开展针对性的指导，提升大学生规划自我的能力和水平，实现大学生健康发展的教育目标。

第三章

大学生就业理论分析

　　就业是民生之本,高校毕业生就业关系民生福祉、经济发展和国家未来。特别是近年来,我国高校毕业生规模不断攀升。特殊时期下,大学生在面临就业时承担更多风险以及面对更多不确定性,但也相应迎来了新的机遇。一些产业在特殊时期中面临新的发展契机,如生物医药、制药产业以及与之相关的保健产业、医疗器械产业等在近几年的大潮中产生更多就业需求。此外,在线教育、游戏、移动网络通信、在线直播等产业也迎来较大的发展机遇。大学生在新时代背景下面对机遇与挑战应当明确自身就业观念,掌握专业技能,匹配至更合适的岗位。本章将对大学生就业理论展开分析。

第一节 就业结构性矛盾分析

我国政府高度重视就业问题,多年来采取了一系列促进就业的政策。2010年,中共中央发布了《中共中央关于制定国民经济和社会发展第十二个五年规划的建议》,强调了坚持把促进就业放在经济社会发展的优先位置,首次提出就业优先战略。在党的十八大和党的十九大报告中,都强调了就业的关键作用,以及实施就业优先战略和积极就业政策的重要性。《2019年政府工作报告》首次将就业优先政策置于宏观经济政策层面,而《2020年政府工作报告》进一步提出"强化就业优先政策"。就业优先战略和政策的概念和要求在国家治理中越来越具体,表明中国致力于以人为本的发展,促进就业的宏观经济政策从"保增长、稳就业"转向"保就业、稳民生"。我国"十四五"规划(2021—2025年)进一步强调了就业优先政策重要性,今后几年将制定更具体的实施机制和措施。

就业是最大的民生,就业结构性矛盾已成为就业领域的主要矛盾。总体来看,结构性矛盾的产生主要是由于需求与供给之间的不匹配导致的,就业结构性矛盾也是由于对劳动力供求关系的影响而产生的,归纳起来,如图3-1所示,主要包括以下几方面的原因。

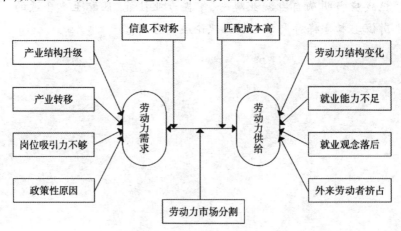

图3-1 就业结构性矛盾的成因

一、劳动力需求方面的原因

（一）产业结构升级

就业结构性矛盾往往发生在产业结构调整的时期，这也是造成就业结构性矛盾出现的最重要因素。产业结构升级对就业的影响主要来自两个方面：一方面，由于传统行业的衰退，造成大量失业人员的涌现，而这些人员如果无法及时满足产业发展的新需求，则必然会造成长期失业的加剧，再就业将更加困难；另一方面，产业结构调整必然会催生出一些新兴产业以及全新的岗位，现有劳动力一时无法满足产业转型需要，导致结构性矛盾的出现。

（二）产业转移

产业转移是造成区域结构性矛盾的重要因素，产业转移意味着劳动力需求与供给结构的打破，如果劳动力不能随着产业同步转移，必然会导致区域结构性矛盾的出现，一方面会导致原地区劳动力供大于求；另一方面在新的转移地出现劳动力供给不足的情况。导致产业转移的因素是多元的，既有政策性的原因，如某些大中型城市有意识地将一些不适合在城市发展的产业外迁；又有企业自身的原因，如当地生产成本过高，被迫转移到其他地区，这种转移更加频繁和常态化。

（三）岗位吸引力不够

导致空缺岗位难以找到适合劳动力的原因可能是劳动力难以满足岗位需求，但也可能是岗位本身的条件、待遇等方面难以满足劳动者的需要。这些岗位主要是一些劳动力市场中相对比较低端的岗位，在劳动力无限供给的情况下招工比较容易，而随着劳动力供求结构的平衡、劳动者议价能力的提升，招工将变得越来越困难。导致岗位吸引力不足的因素除了岗位本身待遇条件有限外，还与当地生活成本等有很大的关系，这也是很多发达地区低端岗位更难招到合适人员的重要原因。

（四）政策性原因

政策性原因在分析就业结构性矛盾的实践中往往容易被忽视，因为很少有人将各种政策与劳动力市场的效果联系起来。但是在理论研究中，学者们发现很多政策其实对就业都有着直接或间接的影响，并且影响效果十分明显。当前，产业政策、税收政策、最低工资政策、失业保险政策、就业保护政策等，都可能会造成就业的结构性矛盾问题。这也提醒政策制定者在制定政策时需要多方位考量政策效果，以免造成只关注政策的片面效果而引发其他问题。

二、劳动力供给方面的原因

（一）劳动力结构的变化

从源头上来看，就业人口自身的结构性变化最终催生了就业的结构性矛盾。首先，就年龄层次来看，由于人口高出生率以及机械增长，使就业人口在各个年龄段的分布不均匀，集中年龄段的失业风险增加。其次，就性别来看，就业机会对男女劳动力而言是不均衡的，相对而言女性失业率更高。再次，就人口的地区分布来看，资本密集区有劳动需求，而人口密集区有富余劳动力供给，如果二者出现地理分布差距，就容易出现地区性的就业结构性矛盾。最后，就人口素质来看，低素质劳动力的就业风险更高，因此，在低素质劳动力较多的就业人口中，社会实际所需的劳动力小于能够供给的劳动力。

（二）就业能力不足

劳动者就业能力不足是造成就业结构性矛盾的另一个重要原因，缺乏就业能力必然导致劳动者无法匹配到相应的岗位上。导致劳动者就业能力不足的原因是多方面的。首先，教育发展与产业需求不匹配，会影响劳动者的就业能力。这也是世界各国普遍存在的一个问题，由于教育体系的设立并不是以就业为导向，并且缺乏及时的调整机制，导致很多青年人毕业即面临失业。其次，职业培训体系不健全导致就业能力提升缓慢。职业培训被认为是解决结构性矛盾的一项重要手段,但是无论是政府组织的培训还是社会机构组织的培训都很难及时跟上产业发展的速度,加之培训师资、教材、手段等落后,导致就业能力提升缓慢。最后,随着产生、升级速度的不断加快,由于行业衰落导致的失业问题越来越严重,而受到影响的往往是就业能力较差的人员,这部分人员的培训和再就业都比较困难。

(三)就业观念落后

就业观念落后、不愿意到空缺岗位上工作,也是就业结构性矛盾的一大特点。就业意愿降低既有岗位本身吸引力不足的原因,也有劳动者自身择业观念的因素。因此,转变就业观念也是有效处理就业结构性矛盾的一项非常重要的措施。

(四)外来劳动者的挤占

外来劳动者的挤占效应会加剧某一国家或地区的失业,外来劳动者的大量涌入,虽然对发展当地经济起到了积极作用,但是也不可避免地对当地劳动者产生了就业排挤效应。与本地劳动者相比,外来劳动者要么技能水平较高,要么愿意接受更低收入的工作,企业在某些情况下会更愿意雇佣外来劳动者。这种情况往往出现在比较发达的国家或地区,本地劳动者又不愿意向外转移,造成长期的失业。

三、劳动力供求不匹配的原因

(一)信息不对称

职业搜寻理论认为,信息不对称是导致劳动力供求不匹配、结构性失业的一个重要原因。尽管随着信息技术的不断发展、公共就业服务水平的不断提升,但是仍无法做到供求信息的完美匹配。一方面,随着产业调整速度的不断加快,很多新岗位应运而生,劳动者对新岗位无所适从,或者不愿意接受新岗位的工作;另一方面,受搜寻手段、信息覆盖网络等方面的限制,劳动力供求之间的信息渠道仍然不够畅通,在一定程度上造成了"招工难"和"就业难"并存的局面。

(二)匹配成本高

匹配成本过高,也会限制劳动力供求的匹配,造成就业结构性矛盾的出现。其中最明显的一项成本就是区域间的迁移成本,劳动者就业不仅需要考虑岗位所能提供给自己的收入,还要考虑就业的生活成本、迁移的费用、机会成本的损失等,如果成本过高,劳动者宁可以失业状态继续寻找就业机会,也不愿意去就业。对企业而言也是如此,如前所述的产业转移,往往是由于当地劳动者人工成本过高而选择转移。

(三)劳动力市场分割

关于劳动力市场分割的研究由来已久,也正是由于各种形式的分割,造成了劳动力供求双方之间的障碍。具体而言,劳动力市场的分割既有市场本身自然形成的,如就业条件相对较好的一级市场和就业条件较差的二级市场,又有人为因素造成的,还有制度性因素导致的,包括体制性分割、政策性分割等。无论是哪种形式的分割,必然会限制劳动力的自由流动,从而在一定程度上造成结构性失业问题的出现。[①]

---

① 莫荣.如何促进高校毕业生就业缓解就业结构性矛盾[J].中国党政干部论坛,2022(03):59-63.

第二节　大学生就业的准备

一、大学生职业能力准备

（一）职业知识

1. 基础知识

基础知识是我们学习和掌握其他知识的基础。它包含数学、物理、化学、历史、地理、语文以及专业基础知识等方面的内容。这些学科分别研究数量、结构、变化、自然现象和规律、历史、地理环境、语言交流等。

基础知识的学习不仅仅是为了掌握知识本身，更重要的是为了塑造我们的思维方式和逻辑思维能力。通过学习基础知识，我们可以培养自身的思维方式、逻辑思维能力和批判性思维能力。这些能力在我们的日常生活和职业生涯中都是非常重要的。知识之间相互联系、相互支持、相互促进，从而形成一个完整的知识框架。这个框架可以帮助我们更好地理解和掌握复杂的知识。

专业基础知识是衔接基础知识和专业知识的重要环节，也是学习专业知识的铺垫。学习专业基础知识可以帮助我们更好地理解和掌握专业知识。同时，它也可以帮助我们更好地适应职业生涯中的工作环境和要求。

2. 专业知识

在工作岗位上所学的专业上的知识，被称为专业知识，它是一技之长。专业知识对于一个职业人来说至关重要。在现代化发展的时代背景下，不断追求专业知识的提高和丰富，是每个职场人的必然选择。只有不断学习新知识和技能，才能不断提高自己的职业素质。

实践是检验真理的唯一标准,只有将专业知识在实践中运用,才能真正了解它的价值和优劣。在职场中,专业知识的应用能力是非常关键的,它直接关系到职业发展的前途和成就。

3.复合知识

复合知识观的提出,是为了解决当前我国"专才"培养模式中所出现的弊端。伴随着时间的推移,交叉学科和边缘学科不断涌现,在现实中,仅仅依靠一两种专门的知识是远远不够的。因为学科是多元化的,所以要全面了解某一领域的专门知识,就要借助其他领域的知识,利用各种不同的领域的知识,来加深自身的专长。

(二)职业道德

职业道德是指在职业人员从事社会职业活动时,遵循的道德准则和规范。它涵盖了许多方面,包括爱岗敬业、诚实守信、处事公道、服务民众、奉献社会等基本规范。这些规范是执业人员必须遵循的道德准则,也是保证职业形象和职业信誉的重要保障。

除了基本规范,职业道德还包括一系列的基本素养。遵纪守法、严谨自律、诚实厚道、勤业精业、团结协作、任劳任怨、开拓创新等素养,是执业人员必须具备的基本素养。这些基本素养能够帮助职业人员建立正确的职业观念,形成正确的职业道德意识和职业行为习惯。

职业道德的养成需要在职业道德的训练和实践中得以实现。在职场中,职业人员需要不断地接受职业培训和教育,不断地提升自己的职业素养和职业技能。同时,职业人员还需要在实践中不断地摸索和总结,不断地完善自己的职业道德体系,不断地提高自己的职业道德水平。

对于大学生而言,积极参与社会实践,到实践中去感受、体会和领悟职业道德,是非常重要的。通过参与社会实践,大学生能够深入了解职场中的职业道德规范和职业环境,了解不同职业的职业道德要求和职业特点,从而提高自己的职业素养和职业水平。

（三）职业形象

职业形象是指一个人在工作场合中展现出来的形象，包括外在和内在两个方面。外在职业形象主要表现在相貌、穿着、打扮、谈吐等方面，而内在职业形象则包括学识、风度、气质、魅力等。

外在职业形象是很多人关注的重点，因为外在形象是最容易被人看到的。一个人的穿着、打扮和相貌等方面都能直观地展现出他的职业水平和职业态度。身着得体、整洁干净、谈吐自如的人，往往会给人留下良好的印象，同时也会让人觉得他是一个有能力、有担当的人。

不过，内在职业形象同样重要，甚至更为重要。一个人的学识、风度、气质和魅力等方面都能影响他的职业发展。内在的职业形象是一种无形的资本，它能够帮助人建立起良好的职业关系，提高个人的职业能力和竞争力。

一个人的职业形象不仅能够让自己感到自信和满足，还能够带来更多的职业机会和职业发展空间。通过不断地提高自己的职业形象，一个人能够更好地应对职场挑战，实现自己的职业梦想。

（四）职业态度

职业态度是指个人对职业生涯的设想及其有关问题的基本看法。这种看法包括职业生涯设计和对正在从业或即将从业的职业的看法等。学生职业态度的养成需要关注可能产生的契机和途径。

对于学生来说，职业态度的养成至关重要。首先，学生应该认识到自己的职业生涯设计需要基于自身的兴趣、能力和优势。其次，学生需要了解不同职业领域的工作内容、职责和发展前景，从而制定适合自己的职业规划。此外，学生还应该关注自己所学专业的发展趋势和市场需求，以便更好地适应社会发展的变化。

然而，好高骛远是行不通的。大学生应该在自身能力范围内选择合适的职业，避免盲目追求高薪和社会地位而忽略了自己的兴趣和能力。

（五）职业能力

1. 表达沟通能力

在大学生的日常学习和生活中,表达沟通能力是一项非常重要的技能。在职场中,很多重要的决策都需要通过沟通来实现。良好的沟通能力可以帮助大学生更好地与同事、上司和客户沟通,建立良好的关系,提高工作效率,从而取得更好的职业发展。

2. 团队合作能力

团队合作精神是自愿合作和共同努力的能力,它需要员工在团队中和谐共事。团队合作精神的重要性已经被企业越来越认识到。因为团队合作能够提高企业的工作效率和生产力,而这对企业的发展至关重要。团队合作精神也是大学生就职的必备条件之一。在大学期间,学生需要参加各种团队活动,这可以帮助他们培养出团队合作的能力。而在就业前,大学生需要了解企业文化和团队合作的重要性,这可以帮助他们更好地适应职场生活。

3. 人际交往能力

在现实生活中,每个人都需要不断地与他人交流,因此具备良好的人际交往能力是非常重要的。对于大学生来说,良好的人际交往能力不仅是在校期间生活与学习的必备技能,更是在将来适应社会、实现个人职业发展的重要工具。在大学中,可以通过参加社团活动、课程讲座、实习实践等途径来提升自己的人际交往能力。通过这些途径,不仅可以提高自己的专业技能和实践能力,还可以结交志同道合的朋友,拓宽自己的人脉,为未来的职业发展奠定良好的基础。

4. 解决问题能力的培育

解决问题是我们生活、工作和学习中必不可少的一个环节。其过程通常包括发现问题、分析问题并采取措施解决问题。解决问题的方法和技能可以应用于各个领域,可以帮助我们更加高效地完成任务。同时,我们也需要具备一定的分析判断能力,这是解决问题过程中十分重要的能力。

在解决问题的过程中,我们需要先发现问题。发现问题需要我们有敏锐的观察力和思维能力,能够从日常生活、工作和学习中发现潜在的问题。发现问题后,我们需要对问题进行分析,找到问题的根源和原因,这就需要我们具备分析能力和判断能力。只有找到问题的根源,我们才能更加准确地采取措施解决问题。

解决问题的方法和技能可以应用于我们的日常生活、工作和学习中。例如,在工作中,我们需要经常面对各种各样的问题,这需要我们具备解决问题的能力。在学习中,我们也需要解决各种学习问题,如学习方法问题、考试问题等。在日常生活中,我们也需要解决各种生活问题,如家庭生活问题、财务问题等。因此,掌握解决问题的方法和技能对我们的生活、工作和学习都是非常重要的。

在解决问题的过程中,分析判断能力是非常重要的。分析判断能力是指我们能够独立处理问题的能力,能够对问题进行有效的分析和判断,并且能够提出有效的解决方案。这需要我们具备较强的思维能力和逻辑思维能力。只有具备了这种能力,我们才能更加准确地找到问题的根源,并且提出更加有效的解决方案。

5. 学习和创新能力培育

学习能力是我们在不断学习、接受新知识的过程中所必须具备的能力。现代社会对人的学习能力要求越来越高,随着社会的发展,新的知识、技术层出不穷,如果没有良好的学习能力,就很难适应这个快速发展的社会。同时,具备良好的学习能力和强烈的求知欲望是用人单位十分重视的。在今天的就业市场上,用人单位更看重的是一个人的学习能力和自我发展的潜力,因为只有这样,才能适应不断变化的市场和工作需求。

创新能力是革旧布新、创造新事物的能力,是企业和个人在竞争中取胜的关键。创新能力不仅能够带来经济效益,还可以改善人们的生活,推动社会的进步。创新能力的基本构成要素是创新激情、创新思维和科技素质。创新激情是指对于创新的热情和追求,创新思维是指思维方式和思考问题的方法,科技素质则是指掌握科技知识和应用科技的能力。因此,学习能力和创新能力在现代社会中的重要性不言而喻,它能够帮助大学生实现自身的价值。

二、大学生就业心理准备

当前激烈的就业竞争环境给大学生带来了较大的心理压力。大学生的求职过程是一个复杂的心理变化过程,在求职过程中面临各种心理冲突时,难免会产生畏惧、焦虑等心理问题,从而会直接影响他们的顺利择业和就业。大学生在求职过程中只有调整好就业心态,保持健康的心理和良好的精神状态,树立正确的就业观,以积极的心态去应对所有的挫折和困难,才能尽快适应社会竞争形势,顺利实现就业。

大学生在进行就业心理的准备时,可以从以下几个方面着手。

(一)养成良好的生活习惯

对于大学生来说,一个良好的生活习惯对于身心健康的重要性更加突出。他们的健康生活习惯包括:合理作息,保证每天充足的睡眠时间和规律的作息;生活有规律,保持一个健康而规律的生活习惯;平衡膳食,保证摄入足够的营养素和合理的能量;科学用脑,合理规划学习和工作时间,保证脑力充沛;积极休闲,保证适当的休息和娱乐时间;适量运动,保持体育锻炼的习惯,增强身体素质;积极参加体育锻炼等,保持身体健康。

然而,不良生活习惯也同样需要引起大家的关注。例如,吸烟,烟草中的尼古丁和其他有害物质会对身体造成严重伤害;饮酒过量,酒精会对身体造成损害,而过量饮酒还会影响心理健康;等等,这些都会对身心健康造成威胁。

在大学生活中,保持良好的生活习惯对于身心健康的重要性不言而喻。只有养成良好的生活习惯,才能更好地保障身体健康,提高学习和工作效率,更好地享受生活。

(二)培养良好的个性

在现代社会中,个性已成为人们对他人和自己进行评价的重要标准。

首先,大学生应该树立正确的人生观和世界观,认识到人生的意义和目的,以积极、向上的态度去追求自己的理想和目标。其次,大学生需要正确认识自我,了解自己的优点和缺点,并培养悦纳自我的态度,以此来提高自我的自信心和自尊心。再者,大学生要拓宽自己的视野和思维,培养宽广的胸怀和乐观情绪,以保持心理的健康和稳定。此外,多方面的兴趣和爱好可以帮助大学生拓展自己的兴趣领域和社交圈子,提高自己的人际交往能力和生活质量。最后,磨炼意志品质可以帮助大学生在追求自己的理想和目标时保持持之以恒的毅力和坚定的信念。

另外,大学的教育教学活动可以帮助学生增强知识和能力,提高综合素质。文体活动可以锻炼学生的团体协作能力和身体素质。人际交往活动可以帮助学生拓展交际圈子,提高人际交往能力。社会实践活动可以帮助学生了解社会现实,增强社会责任感。自我教育活动可以帮助学生自觉地认识自我,及时发现和改正自己的缺点和不足。

综上所述,大学生应该注重个性品质的培养,以保持心理健康和稳定,在学业和生活中取得更好的成绩和发展。

(三)加强对心理卫生知识的学习与应用

首先,大学生应该注重心理卫生知识的学习,以便正确地认识和理解自身出现的心理问题。许多大学生在面对各种压力时可能会出现焦虑、抑郁等情绪,如果没有正确的认识和处理方式,会对他们的身心健康产生极大的影响。

其次,大学生应该合理安排自己的学习负担,不能过重。过度的学习压力会导致焦虑、疲劳、厌学等情绪,甚至影响到学生的身体健康。因此,学生应该采取适当的学习策略,如分配时间、建立学习计划等,以便在学习过程中能够更好地平衡自身的心理和身体状态。

再次,生活的节奏也要合理,有张有弛。学生应该尝试参加各种形式的文体活动,以增加自信心和放松身心。这样不仅可以缓解学习压力,还可以提高学习效率。

最后,大学生要学会科学用脑,并实行时间管理和劳逸结合。过度用脑会导致神经衰弱和身体疲劳。因此,学生应该培养健康科学的生活习惯,如规律作息、适当运动等,以保持身心健康和学习效率。

（四）学会关爱他人，建立和谐的人际关系

1. 要正确认识自己和他人的价值

大学生要正确认识自己和他人，应该摆正位置，既不能自卑又不能自负，要看到自己和他人的长处和不足，不要轻易妄自菲薄，也不要轻易高估自己的价值。只有真正理解自己和他人的优劣势，才能更好地与人交往。

2. 完善自己的个性，优化人格

大学生要完善自己的个性，培养诚实、正直、热情、开朗、可信等品质，形成良好的人格。这样才能赢得他人的信任和尊重。同时，也要学会倾听他人的意见和建议，理解他人的想法和情感，尊重他人的意见和决定。大学生在人际交往中要保持平和心态，善于把握情感和行为，冷静、理智，并注意分寸和身份特定场合。应该尽量避免过度情绪化，不要轻易发脾气或情绪失控，要学会控制自己的情绪。

3. 遵循人际交往原则，提升人际交往能力

对于大学生来说，人际交往能力的培养至关重要，这是一个需要长期积累和实践的过程。在交往过程中，遵循人际交往的原则是非常必要的，这不仅能够建立和谐的人际关系，还能够提高自身的交往能力和沟通能力。

总之，大学生要在交往过程中遵循人际交往的原则，培养人际交往能力，建立和谐人际关系。只有通过不断的实践和提高，才能够在今后的人生道路中更好地与他人相处。

（五）树立切合实际的目标

身心健康发展是每个人都应该追求的目标。要想实现身心健康的发展，需要树立切合实际的目标，选择适合自己的竞争领域。

首先，在确定奋斗目标时，不要过于自信或自卑，要在能力范围内设定目标。只有目标切合实际，才能更好地实现目标，从而达到身心健康的发展。

其次,要根据实际情况选择竞争的领域。每个人都有自己的特长和优势,选择适合自己的竞争领域可以充分发挥自己的优势,从而取得更好的成果。这也有利于身心健康的发展,因为在适合自己的领域中取得成就会让人感到自信和满足。

(六)学会自我心理调节

在日常生活中,人们难免会遇到一些挫折和困难,这时候需要学会自我心理调节。通过自我认识、言语、思维等活动来调节和改善心理状态,以达到保持和维护心理健康的过程。这样不仅可以提高自己的心理素质,还有助于身心健康的发展。

(七)及时寻求心理咨询的帮助

大学生会面临成长与成才、情感与事业、日常生活事件的处理等问题,这些问题直接影响着学生的心理健康与大学生的健康成长。因此,大学生可以求助有丰富经验的心理咨询医生或长期从事心理咨询的专业人员和心理老师,获得心理咨询知识,从而促进自身心理健康水平的提高。

一些大学生可能会因为心理健康问题而感到迷茫和困惑,但是他们可能不知道如何寻求帮助。这时候,心理咨询就成为解决这些问题的有效途径。心理咨询可以帮助大学生解决各种心理问题,如情绪管理、人际交往、焦虑、抑郁、自我认知等方面。在心理咨询过程中,心理医生或专业人员会采用针对性的方法和技巧,根据大学生的实际情况,制定出相应的心理咨询方案,帮助他们调整心态、解决问题,提高心理健康水平。

总之,大学生在遇到心理困惑无法解开时,应该及时寻求心理咨询的帮助,从而更好地解决自身存在的心理问题。通过心理咨询,大学生可以获得专业的心理辅导和支持,提高个人心理素质,更好地迎接未来的挑战。

第三节　大学生就业的技巧

一、准备面试资料

第一,要把自己的求职材料:简历、各种证书、奖状、证明材料、推荐表和成绩单等的原件、复印件、照片准备好,按顺序排好、装订,整齐有序地放在书包或文件夹中。[①]

第二,要带记录本和笔,以备急需。

第三,要准备一个大小合适的公文包或书包。

二、做好面试心理准备

求职面试是令人紧张的重要时刻,因为即将要面对的是握有自己求职"生死大权"的陌生人,即便事先已有准备和做过一定的了解,但心理仍会有所顾虑。此时,应做到克服紧张情绪,以从容的心态应对面试,发挥出正常水平,展示良好风貌。[②]

三、掌握面试的原则

（1）强烈的工作意愿原则

面试时,应试者要随时保持对工作的高度热忱与兴趣,适时地提出应聘某工作中应该注意的各种事宜,让用人单位明确知道你非常需要这份工作。

---

① 张永清.我国人才选拔面试面临的几个关键点分析——时空点、结合点与转折点 [J].南京广播电视大学学报,2021（01）:76-78.
② 王丽娜,尹柏龙.“逆向联通”,创新线上面试模式 [J].人力资源,2021（16）:56-57.

（2）走向成功的自信原则

不管在什么条件下，应试者始终要向用人单位传递这样的信息：你拥有帮助用人单位实现预期目标的潜在能力，是单位的有利资产而非包袱。

（3）充分拓展合作能力的原则

面试时，应试者应举例说明在校期间开展的各种社团活动的组织、实施及获奖情况，因为这些内容牵涉进入用人单位后与主管、同事配合工作等问题。一个容易与人沟通、协调的应试者往往更能得到主考官的青睐。

第四节　就业权益与法律保障

伴随着中国高等教育的快速发展，越来越多的学生可以接受到较好的高等教育，高校毕业生的数量也越发增长。如今的高校在进行素质文化教育的同时，通常忽略了大学生实践能力的塑造，再加上用人单位岗位可容纳数量不多，造成一些高校大学生一毕业就失业，一就业就下岗。一些用人单位甚至差别对待高校大学生，造成他们就业利益受到侵害，没法正常享有合法的权益。现阶段，在我国维护大学生合法权益的政策法规尚不成熟。因此，对高校大学生而言，必须加强就业权益相关法律法规的学习，才能有效把握自身的就业权益。

二、大学生就业权益受到侵害的原因

（一）大学生就业配套法律不完善

大学生就业一直是我国高校面临的难题，也是国家高度关注的问题。现阶段我国虽然高度重视大学生就业问题，但是依旧表现为相关就业政策的出台，缺少对就业相配套法律法规的完善。从我国现行的法律法规来看,有关就业歧视方面的规定很少,或者就没有涉及,如《宪法》《劳动法》《劳动合同法》等,仅仅是进行了模糊性的概括,以原则性话语一带而过,并没有对有关问题及责任进行细化规定,这就为用人单位提供了钻空子的机会。因为执法机关缺少明确的职责划分,当大学生投诉的时候,就会互相推诿责任,没有机构来承担相关责任。再加上现行的法律规定的层级偏低,惩罚很低或者没有,导致大学生就业权益受到侵害的时候难以获取可靠的法律援助。

(二)高校就业法律指导课程缺失

目前,很多高校对大学生的培养上缺少针对性、专业性的就业法律教育与指导培训,甚至一些高校因为教学资源的局限性,不设置法律课程,或者是流于形式,导致大学生获取法律知识的途径比较有限。对于非法律专业的学生来说,单纯地凭借《法律基础与道德修养》一门课程,并不能学习到实质性的内容。在课堂上,授课教师所讲解的内容都是简单的介绍和概括,对于具体法律条文缺少深度和广度的分析,缺少实务指导性,或者授课教师仅仅是简单地对法律条纹进行罗列,学生的学习目标是不挂科,而顺利通过考试。另外,在大学生就业指导课程的教学中,多以简历制作、应聘技巧等内容为主,缺少对法律法规的详细介绍。在此种育人模式下,大学生缺少对法律知识的系统性学习,仅仅是以完成任务的心态来学习知识,并不是将其看作维护自身的武器来学习。由于大学生自身缺少对就业法规的了解,不会运用法律武器维护自身权益,就给了一些用人单位可乘之机。

1.高校相关法律课程内容具体指导不够

许多高校对大学生欠缺有目的性的就业权益意识培养,大部分高校普法教育资源比较有限,学生得到法律专业知识的途径单一。高校开设的《思想道德修养与法律基础》课程,侧重于法律基础的知识比重偏少,涉及的与就业相关的法律就更少了,学生压根学不了实际性的内容。授课教师多是以思政专业老师为主,教授的内容绝大多数是法律的简便介绍,欠缺实际法律内涵的高度和广度,也欠缺具体法律实际应用指导。在《职业生涯规划与就业指导》学科中,许多仅仅只是涉及制作简历、使用方法,但非常少涉及就业相关的法律和法规。在这类教育模式下,学生上就业指导课,就仅仅把它当作一门课业或者一项任务,而不是保护自己的武器装备。学生对就业相关法律法规不太掌握,欠缺就业法律观念和自身防范意识,在一定程度上,就注定了就业权益会受到侵犯而手足无措。

2. 高校就业指导导向性不足

现阶段大多数院校提供就业具体指导的出发点是为了提高学生的就业率。就业率往往是学校工作中的头等大事。因此,不少学校只是关注学生能否与用人单位签署就业协议书,而忽视在签署就业协议书后学生的权益是否受到侵害。就业指导课程教师自身的法律意识不高,欠缺法律专业背景,教学过程中往往只是着重对就业政策法规的解读,即使涉及有关法律专业知识的具体指导,指导内容也仅限于法条层面,像类似于劳动合同的签订、合同的效力、试用期的解读等。由于自身法律知识的储备不够,在涉及相关劳动争议问题时,不能有效地给学生解释有关问题。

(三)大学生就业维权意识较淡薄

大学生就业维权难最主要的原因就是大学生缺少就业维权意识和劳动法律意识,这也是大学生就业权益被侵害的主要因素。简单来说,就是大学生不懂法、不学法、不会用法。从当前我国高校毕业生来看,除了法律专业毕业生以外,很多的毕业生都是法盲,在平时生活中很少有大学生主动学习法律知识,再加上大学课堂中接触的法学课程不多,很多大学生形成了遇事第一步不求法的意识。在日常生活中,高校毕业生一般在签订就业协议与劳动合同的时候,不会细致地看合同内容,也不会分析合同条款的利弊,盲目地与用人单位签订就业协议或者劳动合同,一旦自己的就业权益被侵害,也不知道走何种途径寻求帮助。总体来说,就是大学生缺少法律意识,不重视基本法律知识的学习,使得自己陷入不利局面。

(1)就业圈套。一些用人单位违背《劳动法》《劳动合同法》的相应要求,还存有欺瞒等多种方式损害高校大学生人身安全和财产安全的违法行为。普遍的是以高薪职位为诱饵,开展虚假招聘,或与学生签订劳务合同来代替劳动合同。此外,违反劳动法规定,对高校毕业生强制征缴各种各样理由的培训费、担保金等,无正当理由延长试用期,扣押毕业生的职业资格证、毕业证,使毕业生的合法权益受到明显的损害。

(2)用人单位利用自己的优势地位,随意更改双方的劳动关系。用人单位随意变更劳动合同的内容,不认真履行劳动合同条文,甚至是单方面无故解除劳动合同。例如,有的用人单位在实习期、试用期上做足了文章,很多时候是用而不录。还有学生在校入职后发现,签订劳动合同时承诺的福利待遇没有实现或彻底兑付,损害了高校大学生的合法权益。

(3)欠缺有关法律专业知识和法律观念。在中国的高校课程内容中,高校大学生真正接受法律教育的机会非常少。许多高校在塑造大学生的法律观念方面较为薄弱,学生对就业层面的法律法规的了解上知之甚少。在相关调查中,学生感觉《劳动法》《劳动合同法》对自身的应聘求职没有太多帮助。可以看出,高校大学生对就业层面上的法律法规的认识水平较低,在自身的权益受到影响时,根本不会用法律武器来保护自己的合法权益。

(4)欠缺法律维权意识。就法律防范意识来讲,在现实生活中,刚毕业的大学生找工作被骗的例子很多。很多高校大学生欠缺基础的法律知识,对自身合理合法权益的保障方式了解很少,不清楚自身的就业权益,不明白应用法律保护自己的合法权益,乃至在受到用人单位的侵害时,觉得它是合情合理的。

三、大学生就业权益与法律保障的意义

(一)有益于推动高校大学生的全方位个人发展

高校大学生不但需要具有较强的专业技术能力,还需要拥有基础的法律知识和法律素质,这样才能在步入社会后,更好地保护自己,更好地发展自身,更好地完善自我。高校应当依据本校具体情况,加强对大学生就业法律意识培养,从很大程度地促进高校大学生的个人综合发展,为学生未来的成长和发展提前准备良好的法律专业知识和就业者维权思维。

（二）有益于确保良好的就业秩序

从现在就业状况看来，一些单位对毕业生的入职标准规定太过严格，因此，就业者容易受到不少差别对待。例如，一些公司规定女职工入职后三年内不能生育。一部分公司由于员工的相貌原因，拒绝聘请该员工。听力障碍人士勤奋好学，得到了双学士学位，但因为自身的身体的缺陷，依然被公司拒绝。除此之外，也有合同欺诈和合同违约状况，造成了一系列劳动纠纷。高校若能依据大学生的具体情况，加强对就业相关法律的普及，塑造大学生依法维权观念，确保大学生的合法权益。与此同时，也能较好地维护就业秩序，为大学生的长久发展打下基础。

（三）有益于维护良好的社会风气

高校大学生在社会上担负着培养和管理一线服务的应用型、技术型人才的重任。作为推动社会发展的最新一代，对社会就业风气的建立起着较大的作用。高校大学生如若具备很强的就业权益维护观念，可以根据法律方式保护自己的合法权益，不但能得到社会发展多方面的适用，维护社会公平正义，营造良好的就业环境，还能巨大地推动社会经济效益，产生较好的社会就业风气，构建和谐的法治化社会。

四、大学生就业权益与法律保障的具体内容

高校大学生就业权益是法律制定或认可的毕业生拥有的就业有关支配权的统称，是高校大学生取得工作中的权益和应聘求职环节中相对应的权益。

（1）自身挑选工作的支配权。依据《劳动法》第3条，员工有权利挑选岗位。[①] 高校毕业生就业符合我国有关就业战略方针、现行政策，可以自己挑选就业单位，可以按照自身的喜好、兴趣、工作能力选择自己要担任的岗位，一切个人和单位都不可以干预，更不可以将本人信念强加给高校毕业生。

（2）平等就业权。平等就业权始于我国现行宪法，是劳动权和平等

---

① 兰思宇,谢辰旻,李城君,岳燕妮.大学生劳动权益保护法律思考 [J].合作经济与科技,2022（02）:186-187.

权一同演化的支配权,是劳动者平等享有被用人单位录用的权利,是当今社会上主要的支配权。平等就业权其本质上应当属于平等权,高校毕业生在求职市场应当受到公平、公正的就业机会,不得因民族、性别、学历、自身原因受到区别对待。

（3）信息内容的知情权。高校毕业生有权利获得全方位、真实、准确的用人单位的招聘信息。在双选全过程中,高校毕业生有权利根据掌握的用人单位的办公环境、工资待遇、发展前途等,做出合乎自身标准的挑选。用人单位有责任详细认真地给高校毕业生介绍本单位的状况,并提供对应的证明材料。

（4）接受就业指导、推荐权。高校毕业生有权利获得学校的就业指导服务、享有被学校如实进行就业推荐的权利。《高等教育法》规定,高校应当给毕业生提供就业指导和服务。所以,接受学校进行的就业指导服务也是高校毕业生的一项必要就业权益。此外,学校还应当依据毕业生的实际情况,如实地进行就业推荐,不得夸大或贬低学生,做到公平公正,让每一位毕业生都能够得到均等的就业推荐机会。

（5）违约赔偿权。高校毕业生就业协议书签署后,高校毕业生、用人单位和学校三方都需要严格执行,假如任何一方明确提出变动或解除协议,都需要获得彼此的允许,担负就业协议书的违约责任,针对用人单位无端解除就业协议,高校毕业生有权利规定另一方严格执行就业协议或赔付自身的损失。

五、大学生就业权益保护及其自身劳动法律意识的培养路径

随着社会经济的繁荣发展,各行各业获得良好的发展前景,为高校大学生创造了大量的就业岗位,大学生就业率在不断地提升,就业方向和渠道逐渐增多,如校园招聘、线上招聘、人才市场招聘等。但伴随高就业率、多就业渠道而来的是求职受骗,大学生上当受骗、误入传销的案例越来越多。归结原因,在于大学生法律维权意识差、社会经验不足、缺少有效的法律救助途径。所以,面对严峻的就业形势,当前大学生要做的就是提升自身的就业维权意识和劳动法律意识,主动学习法律常识,避免求职路上被骗,能够运用法律武器维护自身的就业权益。

（一）国家层面：完善大学生就业权益保护的法律保障体系

目前,针对大学生就业过程中出现的权益受损问题,国家应该完善大学生就业权益保护相关法律法规。正所谓"上行下效",国家只有在立法的层面将大学生的就业权益保护重视起来,社会、企业、个人才能够将大学生就业维权和劳动法律意识的培养重视起来。首先,国家最高立法机关全国人大及其常委会需要从立法的角度对《宪法》《劳动法》《劳动合同法》及《就业促进法》中有关大学生就业权益维护的细则进行完善,尤其是在大学生就业权益维护方面的规定上需要进一步细化。同时,有关立法机关需要从特别法以及实施细则的完善着手,制定与颁发有关大学生就业权益的实施细则,为高校毕业生就业权益提供可靠的保障,并在法律规定及实施细则之中确定保障大学生就业权益的主体机构,为大学生就业维权提供可靠的法律援助机构。除了完善实施细则,国家立法机关还需要出台和完善与大学生就业权益有关的救济程序和制度,借助专门的就业权益救济程序为大学生的就业权益维护提供可靠的路径,且国家立法机关可以考虑成立专门的大学生就业权益保护机构,为大学生在就业权益方面遇到的问题提供解决方法。其次,国家行政执法机关需要严格执法,明确法律权责,对危害大学生法律权益的行为都要严格执法,依法对其进行严厉的惩罚,切忌存在互相推诿责任的现象。目前,国家机关对公务员的选聘上,需要秉持公平公正的原则,选拔出合格、尽职尽责的公务人员,不要以"临时工"或者不负责任的人员滥竽充数。最后,国家可以拓展法律知识宣传途径,借助电视、网络、报纸、媒体等途径宣传有关就业的法律知识,尤其是针对大学生的就业权益相关法律宣传,可以制作公益性广告,只有在国家层面上将大学生就业权益保护起来,才能够促使社会、公司、个人将大学生就业权益重视起来,才能够真正地使得大学生就业权益得到保障。

国家要清除市场壁垒,搭建井然有序对外开放的招聘市场,就需要标准就业市场管理,健全学生就业管理体系,为高校毕业生造就优良的工作环境。

（1）加强对毕业生的就业保护。国家劳动仲裁机构可以调解劳动纠纷案件,在产生劳动争议时,劳动仲裁机构可以根据争议本身保护弱势群体,优先解决毕业生困难。因此,国家应加强毕业生就业维权保护,面对毕业生的合理诉求,应当积极并及时做出回应,有效保护毕业生的就业权益。

（2）加强对用人单位的监管。用人单位在就业市场上处在优势地位，应当接受社会的监督。国家劳动部门应当成立专门的劳动监察部门对用人单位进行监督，对违反了劳动法或劳动合同法有关规定的单位，查实证明后，应当给予警告、限期改正或者处罚并向社会进行公布，这样不仅保护了毕业生的就业权益，也防止其他求职者权益受到侵害。

（二）学校层面：强化大学生就业指导和劳动法律意识培养

大学生在进入社会磨砺之前，先在大学小社会中接受教育和历练，所以即将毕业的大学生在步入社会和就业之前，应该先学好法学知识，提升自身的基本法律素养，避免在就业期间遭受不公平待遇。一个不具备最基本法律素养的大学生，到了社会不被骗是根本不可能的。因此，高校在开展育人工作期间，需要将大学生法律素养的培养重视起来，为学生提供多种获取法律知识的途径。首先，高校需要重视其他专业的法学课程设置。纵观高校法学课程设置现状，除了法学专业有单独课程，学生接触法律，其他专业的学生接触的法律知识不多，一般会涉及《思想道德修养和法律基础》课程，但是该门课程对于法律常识知识的讲解不多，甚至一些教师大致讲一下就跳过法律知识。导致大学生课堂上学生几乎没有学习法律知识。所以，当前高校需要重视对法学课程的设置，除了法学专业，对其他专业的课程中增加法学必修课程，如《宪法》《劳动法》及《劳动合同法》等基础法律知识的学习，通过让学生提前接触有关就业的法律课程，可以提升学生的法律修养。同时，还可以设置一些法学选修课程，如《法律小常识》《法学素养的培养》等课程，为大学生提供更多获取法律知识的途径，做好大学生法律启蒙教育。其次，高校的就业部门需要开设专业的就业权益讲座，为毕业生提前做好就业指导，特别是对于就业中可能会遇到的问题进行宣讲，从而使得每一名大学生都能够增强警惕心理。最后，高校可以成立大学生就业权益保障中心，类似高校的法律援助机构，为毕业生就业维权提供义务帮助。通过这样设置，既可以帮助毕业生维权，也可以提升高校声誉和名气，树立维护毕业生权益的形象，促进高校的持续发展。当前对于大学生法律意识的培养，高校发挥着不可推卸的责任，当前有必要通过各种途径注重大学生就业权益及劳动法律意识的培养，减少学生就业维权问题。

（三）个人层面：强化自身劳动法律知识学习提升法律素养

目前,对于大学生就业维权意识与劳动法律意识的培养,需要大学生心神领悟,才能够达到理想的效果。所以,当前大学生需要树立"活到老、学到老"的心态,积极学习法律知识。首先,大学生不仅要掌握专业课知识,还需要在业余时间内对自身各项素养进行培养,尤其是对于自身法律素养的培养。与法学专业不同,其他专业学生对于法律知识的学习,都是在平时点滴积累的。在日常生活中,大学生可以强化对法律条文的学习,了解劳动合同法中有关试用期与劳动合同的规定,并结合具体案例进行分析,在一点一滴的积累中掌握更多的法律知识,提升自身的法学修养,为自身权益维护提供良好的支撑。其次,大学生不仅需要学习法律条文知识,还需要借助网络、媒体、电视、报纸等媒介来学习法律知识。大学生可以收看普法栏目的节目,在具体的情境中学习法律知识的应用,认识到法律是维护自身合法权益的武器。通过在日常生活中积累法律知识,可以使得自身在潜移默化的过程中受到法律知识的熏陶,提升自身的法律修养,并能够在日常生活中使用法律武器来维护自身的权益。纵观我国各类考试题目,很多题目会涉及法学知识,如法律从业资格考试、公务员考试、事业单位考试、注册会计师考试等,均会涉及很多法律方面的题目,所以大学生可以在平时多刷题来学习法律知识,或者是报法律兴趣班,培养自身的法学爱好与素养,使得自身成为当今社会发展所需的复合型人才。大学生当前有必要从自身的实际出发,主动了解就业有关的法律知识,借助网络媒体查询大量的就业权益纠纷或者劳动合同纠纷的案例,通过他人的法律解说来增进对就业有关法律知识的了解,不断提升自身的法律素养,使得自己能够在迎接就业挑战的过程中处于优势地位,减少劳动合同纠纷为自身带来的不利影响。

总而言之,就业是毕业生首要面临的问题,也是大学期间最后的环节,更是关系到毕业生今后发展的关键性环节。但是,毕业生求职就业期间,存在着诸多的影响因素,使得毕业生陷入就业维权难的局面,损害了毕业生的就业权益。针对现阶段毕业生在就业维权方面的问题,当前有必要强化大学生就业维权意识和劳动法律意识的培养,引导大学生运用法律武器来维护自己的权益,面对纷繁复杂的就业侵权问题,需要以法律的思维,理智分析问题、解决问题,通过法律途径获取救助,减少在迎接社会挑战中受到的伤害,保障自身的合法劳动权益。

第四章

大学生就业素质的提升

当前国际现代化竞争实质上就是人才的竞争。一个国家、一个民族、一个社会的文明程度和进步速度，主要取决于人的素质；而人的素质的提高，在很大程度上取决于这个国家、民族、社会教育事业的发展水平。大学生作为社会主义现代化建设的后备人才和潜在资源，是国家的希望，是民族兴旺的核心力量。他们素质怎样将关乎祖国未来的发展。高校作为人才培养的基地，必须认清当代大学生的整体发展状况，不仅要培养学生的真才实学，更要重视他们素质的培养，为社会建设输送更多德才兼备的建设者和接班人。因此，本章就来分析大学生就业素质的提升，包括心理素质、礼仪素质、法治素质、安全素质、道德素质、人文素质、信息素质、网络素质。

第一节　大学生心理与礼仪素质

一、大学生心理素质培育

（一）大学生心理素质培育的内容

1.帮助大学生树立心理健康意识

在大学生群体中,心理健康意识成为一项重要内容,也是其主要的目的和评价指标。

所谓心理健康意识,就是建立于心理和健康知识基础上的关于大学生健康的认知、态度和观念倾向,其影响大学生的思想和行为倾向。它是一个具有层次性的概念,包括知识、态度和行为三个层面。在知识层面,大学生应该了解自己的心理状况,知道如何对待自己的情绪和压力,学会自我调节和管理。在态度层面,大学生应该树立积极向上的心态,保持乐观、自信、自尊心,避免消极情绪的影响。在行为层面,大学生应该采取正确的行为方式,遵循心理健康的原则,避免不良的行为习惯和生活方式。

科学的心理健康意识是树立和优化心理健康意识的关键。因此,大学生需要学习和掌握相关心理学和心理健康知识,并在日常生活中加以运用和实践。可以通过参加心理健康教育课程、阅读相关书籍、与心理医生交流等方式来增加心理健康知识。同时,还应该积极参加体育锻炼、社交活动等,增强心理健康的自我调节能力。

总之,只有建立科学的心理健康意识,才能实现心理健康的目标,让大学生更加健康、快乐地成长。

2.帮助大学生主动而有效地进行心理调适

在当今社会,越来越多的人开始关注自身的心理健康问题,而要解决这些问题,需要进行一系列的自我调适。以下将详细介绍自我调适的关键点。

首先,明确自己存在的心理问题是自我调适的第一步。这需要根据心理健康标准和表现来确定。例如,焦虑、抑郁等情绪问题以及自卑、孤独等人际关系问题,都是常见的心理问题。只有明确自己的问题,才能有针对性地进行自我调适。

其次,寻找心理问题产生的原因是自我调适的重要环节。这需要从社会、学校、家庭、自身等多方面综合分析。例如,社会压力、学业压力、家庭关系等都可能是心理问题的原因。通过分析原因,可以更好地理解和解决问题。

再次,确立科学的自我调适方法是自我调适的关键步骤。根据心理问题的性质确定相应的方法,可以查阅资料或寻求专家指导。例如,进行放松训练、运动、音乐疗法等,都是常见的心理调节方法。这需要根据自身情况选择适合自己的方法,并坚持实施。

最后,巩固自我调适疗效需要耐心和信心。一步一步解决心理问题,达到健康的心理状态,这需要坚持自我调适的方法以及积极的心态和自信心。只有这样,才能巩固自我调适的疗效,达到心理健康的状态。

总之,自我调适是一项需要长期坚持的过程,需要从多方面考虑,包括明确自身问题、分析原因、确立科学的方法以及坚持实施。只有这样,才能达到心理健康的状态。

(二)大学生心理素质培育的途径

1.大学生自身应当关注心理健康

(1)保持良好的情绪

情绪对于心理健康来说是非常重要的,因为心理健康的稳定和良好的情绪状态是有益于生活和工作的。对于大学生来说,由于他们的情感比较丰富,同时也比较冲动,所以他们应该学会如何保持健康的情绪。保持健康的情绪可以帮助大学生更好地面对生活和学业上的压力。

有时候,我们会遇到一些不良情绪,如愤怒、焦虑、沮丧等。在这种情况下,我们需要采取一些措施来宣泄这些情绪,以避免它们对我们的心理健康造成伤害。合理排解是宣泄不良情绪的有效方法,可以采取倾诉、唱歌、哭泣、大声呼喊、参加文体活动等方式。

对于消极情绪,我们可以采用放松练习等自我疏导、自我排遣的方式。这些方法可以帮助我们减轻压力,缓解焦虑和抑郁的情绪。比如说,我们可以进行一些简单的呼吸练习,或者是尝试一些冥想和瑜伽等放松练习。

（2）学会自我心理调节

在日常生活中,人们难免会遇到一些挫折和困难,这时候需要学会自我心理调节。通过自我认识、言语、思维等活动来调节和改善心理状态,以达到保持和维护心理健康的过程。这样不仅可以提高自己的心理素质,还有助于身心健康的发展。

2.高校教育的创新

（1）专业设置与调整

随着社会的不断发展,高校专业上的改革和设置应该与时俱进,符合科技创新和学科发展的需要,同时也要满足大众的需求。这一点非常重要,因为只有专业的设置与社会需求相符合,才能更好地培养出符合社会需要的人才。另外,素质教育也应成为专业设立的主要原则,只有这样才能更好地培养学生的素质和能力。我们的教育体制应该由"供给导向"转变为"需求导向",这样才能更好地满足学生和社会的需求。

同时,大学应该被赋予专业自主招生权,这样可以更好地适应社会的发展需求。但是,教育部也应该在宏观方向上进行控制,以确保整个教育系统的质量和效益。

此外,学校应该按照社会需求适当缩减招生名额,这样才能更合理地分配教育资源。只有这样,才能更好地体现素质教育,提高学生的质量,为社会做出更大的贡献。

（2）管理制度的更新

在传统的教育模式下,大学生往往被要求按照规定的课程表进行学习,缺乏个性化的发展和实践锻炼。因此,高校在教育管理制度上应加以更新,以培养学生的实际动手能力。

首先,高校应该放宽辅修限制,让大学生学习更多、更全面的知识,成为高素质、全面发展的高科技社会人才。大学生应该有权利选择自己感兴趣的课程进行学习,而不是被限制在本专业的范围内。

其次,高校教育应该注重实践锻炼,如开设实验课、让学生到专业领域实习、积极参加相关社会实践等,让学生在实践中学习,掌握实际操作技能。

最后,导师应该与学生经常沟通,跟踪学习效果,及时解决学生遇到的困难,让学生真正掌握本门课程和本专业的教学目标。导师应该了解学生的学习情况和兴趣爱好,根据学生的特点为他们提供个性化的教学方案。导师还应该鼓励学生参加课外活动,拓宽学生的视野,提高学生的综合素质。只有这样,才能有效地发挥高校的管理作用,为社会培育出更多更加有用的人才。

（3）和谐校园的建立

现阶段,建设一个和谐的大学校园是非常重要的。和谐的大学校园体现在师生和大环境之间的和谐。在这种和谐中,学生可以感受到师长们的关心和支持,同时也可以体会到同学之间的友爱和互助。大学生们也可以在这种和谐的环境中更好地与外界交流,获得更多的机会和信息。处在和谐校园环境中的大学生不仅可以更好地适应社会,还可以为社会做出更多的贡献。

建设一个和谐的大学校园可以构成有效的压力交换系统,培养师生乐观积极的人生观、价值观。在和谐的校园中,师生之间不仅仅是教育和学习的关系,也是一种相互支持和互相成长的关系。这样的关系可以帮助学生更好地面对生活中的压力和挑战。

共同努力建设美好和谐、乐观积极向上的大学校园,为社会的发展做出贡献是每名大学生的责任和义务。

（4）辅导员素质的提升

作为大学生的导师和指导者,辅导员需要具备良好的人际交往能力,以帮助学生解决学习、生活和情感问题。这需要辅导员具备一定的沟通技巧,在与学生交流的过程中发现和解决学生的潜在问题。同时,辅导员还需要发现学生的优点和特点,提高学生的自信心,并提醒学生的缺点和短处,以帮助学生不断进步和成长。

除了在学习和生活方面给予帮助,辅导员还需要成为大学生的人生导师,将自己的价值观和人生观传授给学生。在这个过程中,辅导员需要教会学生以合理的态度思考和解决问题,以帮助学生在未来的人生道路上更好地应对挑战和困难。

最后,辅导员需要保持积极的价值观,并避免教唆学生做不正确的事情,从而影响学生的前程。辅导员的言行举止和价值观念都会对学生产生很大的影响,因此,辅导员需要始终以正确的方式引导和教育学生。

总之,辅导员需要具备一系列技能和素质,以帮助大学生克服各种问题并成长为更好的人。这不仅需要辅导员具备专业的知识和经验,还需要辅导员具备良好的人际关系能力、沟通技巧和积极的价值观。只有这样,辅导员才能成为大学生生活中不可或缺的一部分,为他们的成长和发展提供更好的支持和帮助。

二、大学生礼仪素质培育

(一)大学生礼仪素质培育的内容

礼仪教育在人类社会中具有重要的地位和作用。礼仪教育是指对人们的言行举止、交往方式、仪态仪表等方面进行的教育。礼仪教育离不开基础知识和基本理论的传授,其理论基础非常丰富,并且礼仪教育的内容之间也有着一定的逻辑关系。

礼仪具体规范教育的内容就是为了使大学生真正增强自身明礼意识,掌握良好的礼仪规范,形成良好的礼仪习惯。

大学生礼仪具体规范教育大致包括以下内容。

1. 大学生公共礼仪

公共礼仪是大学生必须遵守的礼仪行为规范,涉及学习、出行、运动娱乐、参观游览等方面。在公共场所,大学生应该注意言辞举止,尊重他人的权利和感受,遵守公共秩序和规定。这不仅是大学生应有的基本素质,也是社会公德和文明礼仪的具体体现。

在学习方面,大学生应该注意课堂纪律和学术道德,不做弄虚作假、作弊抄袭等不正之事。在出行方面,大学生应该遵守交通规则,不乱扔垃圾,不破坏公共设施。在运动娱乐方面,大学生应该注意安全、文明和健康,不打闹、不吵闹、不践踏草坪。在参观游览方面,大学生应该尊重历史和文化,不乱涂乱刻、不随意破坏文物古迹。

公共礼仪规范主要靠大学生的自我约束力来控制自己的行为。在大学生的成长过程中,家庭教育和学校教育都需要加强对公共礼仪的教育和引导。同时,大学生也需要自觉地加强自我修养,提高自我意识和文明素质,不断提升自己的道德水平和社会责任感。

大学生应该重视和加强公共礼仪修养,表现出应有的风度,成为高素质的公民。

2. 大学生社交礼仪

社交是生存发展所需的手段,是人类社会不可或缺的一部分。在人际交往中,社交礼仪是一种规律,是人们相互之间行为的指引。在大学生的社交场所中,社交礼仪更是必不可少的。因此,大学生需要掌握社交礼仪规范,以便在社交场合中更好地展示自己的素质。

大学生的社交场所有很多种,包括学生组织、社交聚会、社交网络等。在这些场所中,大学生需要遵守一定的社交礼仪规范。首先,要注意自己的仪表和言谈举止,保持礼貌和谦虚。其次,要注意与他人的交流方式,尊重别人的意见并表达自己的观点,避免冲突和争吵。同时,还要注意礼仪的细节,如礼仪用语、礼品赠送等,以展现出自己的教养和修养。

社交礼仪对人际关系的重要性不容忽视。在人际交往中,礼仪可以增强人与人之间的沟通和联系,有助于建立良好的人际关系。尤其是在职场中,社交礼仪更是关系到职业生涯的发展。一个懂礼仪的人,可以更好地处理人际关系,提高自己的工作效率和职业素质。处理好人际关系,可以帮助大学生提高综合素质,实现人生的价值。良好的人际关系可以帮助大学生更好地获得他人的支持和帮助,拓展自己的人脉资源。同时,也可以提高个人的自信心和社交能力,为未来的发展打下坚实的基础。

3. 大学生求职实习礼仪

实习是为了以后更好地求职打下一定的基础。对于大学生来说,实习是一种非常重要的学习方式。通过实习,大学生可以更好地了解企业的运作模式和工作流程,增加经验和技能,提高专业素质。此外,实习还可以帮助大学生了解自己的职业规划和方向,为以后的就业打下基础。

求职需要除高等学历和理论知识外,还需要能力。在求职过程中,企业最关注的是应聘者的能力和实践经验。高等学历和理论知识固然重要,但在实际工作中,应聘者需要具备实际操作能力、沟通协调能力、团队合作能力等。因此,大学生在求职前应该通过实习和社会实践等方式增加自己的能力和经验。

小事反映一个人的基本素质,展现一个人的本质。在求职过程中,企业会通过一些小事来了解应聘者的基本素质和品德。例如,应聘者是否准时到达面试地点、是否礼貌待人、是否有积极的工作态度等。这些小事反映了应聘者的基本素质和品德,也展现了应聘者的本质。

大学生求职实习礼仪包括语言规范、着装规范和行为规范等。在求职和实习过程中,大学生需要注意自己的言行举止,遵守求职实习礼仪。语言规范包括避免使用粗口、注意礼貌用语等,着装规范包括穿着整洁干净、避免过度张扬等,行为规范包括不打手机、不跷二郎腿等。这些礼仪规范可以让企业对应聘者产生好的印象,提高应聘者的竞争力。

熟练掌握实习求职礼仪可以增加个人的专业知识和提升自我修养。在实习和求职的过程中,大学生需要不断学习和提高自己的礼仪素质。这不仅可以提高个人的竞争力,还可以增加个人的专业知识和自我修养,为以后的职业发展打下坚实的基础。

4.大学生个人礼仪

大学生个人礼仪指的是每一名大学生在平时人际交往的过程中要求注意自身的礼仪规范。大学生个人礼仪大致有:大学生仪容仪表礼仪、大学生仪态礼仪以及其他举止仪态。大学生个人礼仪的宗旨,就是要为大学生在人际交往中尽可能地塑造出完美的个人形象,从而展现大学生朝气蓬勃、积极健康的精神风貌。

(二)大学生礼仪素质培育的途径

1.强化高校礼仪培育理念

(1)增设礼仪课程内容

在现代社会中,礼仪教育越来越受到人们的关注。尤其是在学校教育中,礼仪教育被视为一门必要的课程,以帮助学生在各种场合下表现得更加得体。为了实现这一目标,根据不同的礼仪类型,设置相应的课程内容是非常必要的。

学校礼仪侧重于教授师生礼仪、课堂礼仪、校内活动礼仪等内容。这些都是学生在校园中必须遵守的基本规则,也是培养学生良好习惯的关键。在课堂上,学生需要学习如何正确地回答老师的问题、如何与同学交流、如何保持课堂秩序等。在校内活动方面,学生需要学习如何参加学校的各种活动,如何行为得体、穿着得体等。

职场礼仪主要关注求职简历的编辑、单位知识准备、求职着装、言行举止等内容。在现代社会中,求职是每名大学生必须面对的一项重要任务。因此,了解职场礼仪对于大学生来说至关重要。大学生需要学习如何撰写一份优秀的简历、如何做好单位知识准备、如何选择合适的求职着装以及如何在面试中表现得自信得体。

生活礼仪则涵盖了日常交往、长辈晚辈交往等方面的礼仪内容。对于大学生来说,这些礼仪内容可能与他们的生活息息相关。学生需要了解如何在正式场合下使用餐具、如何与陌生人交谈、如何与长辈晚辈交流等。

政治礼仪是一种非常重要的礼仪类型。在国际政治交往中,大学生需要了解如何言行举止符合国家和民族的形象。他们需要学习如何在国际场合下表现得得体、自信,并彰显大国风范。

另外,礼仪的细化分类应考虑不同场合、行为的需要,在课程开设上应分层教学。这样能够让学生更好地理解和应用不同类型的礼仪内容,提高他们在各种场合下的表现能力,树立自信心。

（2）拓宽礼仪培育渠道

部分高校对大学生开展礼仪培育的方式仍停留在传统的老师单一授课、学生死板接受层面上,拓宽礼仪培育渠道势在必行。

以往,高校的礼仪课程通常被设置为选修课,导致学生对这门课程的重视程度不高。为了改变这种情况,学校应该将礼仪课程设置为必修课程。

在开设礼仪课程时,学校应该根据时代要求和高校办学地域等特色,针对不同专业、不同年级设置具有特色的礼仪必修课。例如,在国际贸易专业中,可以设置国际商务礼仪课程;在医学专业中,可以设置医学礼仪课程。

学校应该将学生的礼仪素质培育放在同专业能力同等重要的位置。

学生在学习专业知识的同时，也应该注重培养自己的礼仪素质。

除了必修课程之外，学校还可以开设附加的选修课，拓展学生的礼仪知识面。例如，在学习国际商务礼仪课程之后，学生还可以选修国际礼仪文化课程。这样可以让学生对于礼仪知识有更加全面的了解。

另外，学校对于礼仪素质的培育应该予以足够重视，严格考核。只有这样，相关课程才不会再成为混学分的"水课"。

2. 凸显大学生个体自我内化

在当前社会主义精神文明建设的大背景下，部分大学生的礼仪素质与之相冲突。虽然大学生接受了先进科学的高等教育，但是他们的行为举止却连基础道德水平都达不到，这给社会主义精神文明建设带来了不小的挑战。

教育不仅是他人的事，更是自己的事，大学生应坚持自身在教育中的主体性。大学生需要时常进行自我教育，重视主体自觉自愿。在自我教育中，大学生需要认真学习礼仪知识，并将其内化，才能从根本上提升培育效果。

大学生需要实现礼仪知识的自我内化，这是一个长期而复杂的过程。首先，大学生需要认识到礼仪知识对于自身成长的重要性，明确自己需要改进的方面。其次，大学生需要借鉴他人的好习惯，积极向身边的榜样学习，从中吸取经验和教训。最后，大学生需要在日常生活中注重细节，养成良好的行为习惯，时刻提醒自己保持良好的礼仪形象。只有这样，才能实现礼仪知识的自我内化，才能真正提升大学生的素质和修养，让他们成为更好的社会主义建设者和接班人。

礼仪素质的培育是教化的过程，需要教育者和学生共同努力。教育者应该通过教学和示范的方式来传授礼仪知识，而学生则需要积极学习和应用这些知识。礼仪知识需要与实践相结合才能发挥价值，因此，大学生应该主动投入到积极健康的活动中去，实践礼仪知识。

大学生在实践礼仪行为时要注意细节，从小事做起提升礼仪素质。例如，在日常生活中，他们应该注重言谈举止、服装搭配、餐桌礼仪等方面的表现。此外，在社交场合中，大学生还应该注意到身体语言、姿态、面部表情等微观方面的细节，以提升自己的社交能力和职场竞争力。

第二节　大学生法治与安全素质

一、大学生法治素质培育

（一）大学生法治素质培育的内容

法治素质培育的目标在于提升学生法治品质，而这一品质不可能凭空产生，需要不断充实法治素质培育的内容，具体来说需要掌握法律知识、增强法律意识、养成法治思维、强化法治实践。

1. 掌握法律知识

公民的法律素质是一个国家文明程度高低的标志之一，核心依据在于公民是否掌握和积累了丰富的法律知识。

众所周知，要想懂法、守法，必须知法。掌握法律知识虽然不是法治素质培育的目标，但是是法治素质培育得以切入的关键点。如果学生缺乏基础的知识与意识，那么就很难产生法治意识与法治思维。法律知识的认知水平对一个人的法律行为产生直接的影响，如果缺乏法律认知，很可能会导致犯罪。只有在知法的前提下，才能明白哪些行为会受到法律的鼓励，哪些行为是法律禁止的。可见，只有学习了充足的法律知识，才有可能努力做法律允许的事情，不做法律禁止的事情，才能明确一些行为的意义，以及什么行为承担什么样的法律后果。

2. 养成法治思维

法治思维属于一种规则思维。在国家主权范围内，法律对所有人都具有同等的约束作用，任何人不可以做法律之外的事情，尤其强调对国家机关及其工作人员的约束，要求他们严守权力的边界。对大学生来说，要遵守法律，遵守校园规章制度，为创建和谐的校园做出自己的努力。

法治思维还属于一种程序思维,即公民对权益的诉求与维护需要通过法律程序来完成与解决,通过透明、公开的程序,公民得以解决一些纠纷,从而保证了结果的公正性。

（二）大学生法治素质培育的途径

随着信息社会的进步以及网络文化的发展,人类的各种包含法律文化在内的文化在不断碰撞与融合,不同的风俗习惯、价值观念、道德规范等也逐渐交织成一种文化的图景。人们的社会角色、利益关系等逐渐衍生出多样化的目标追求与价值取向。基于这种多元文化与多元价值取向的冲击,我国大学生法治素质培育的原有模式也遇到了极大的挑战。因此,必须明确主导大学生法治素质培育的价值取向,以更好地将大学生法治素质培育的价值展示出来,从而为大学生法治素质培育提供借鉴。

价值取向决定行为选择。大学生法治素质培育要想走出困境,就必须在实施方法与路径上做出创新与改进,从而使大学生法治素质培育建立在对法治文化的价值选择层面,这实际上是文化自觉的体现。

1.确立大学生法治素质培育价值观

（1）将"以学生为本"作为基本出发点。在现代社会,法律因为其稳定、规范的特征与所具有的调节认识功能成为对社会关系加以调整的重要规范。在统治社会,统治阶级总是用某种行为准则、某种思想对人们的行为进行指导,以协调各种利益关系,但是这种"压服"是很难起到决定作用的,还需要进行教育,通过教育,才能让人们更加自律,真正地做到心悦诚服。因此,大学生法治素质培育需要做到以学生为中心,这样才能让学生提升自身的法律意识与素质,真正地自律。"以学生为本"作为大学生法治素质培育的出发点是具有客观现实基础的。

（2）构建全面、协调、可持续发展的教育价值观。与法治文化相契合的大学生法治素质培育体现了素质教育价值观。在我国,素质教育的目的在于从人的需要与发展出发,全面提升受教育者的基本素质,根本特征是对受教育者主体性的尊重,注重开发受教育者的潜能与智慧,使他们形成健全的人格。因此,从很大程度来说,素质教育是对传统教育中对知识传授的思想与方法的扬弃,转向对教育过程中能力的侧重,从而实现从能力向素质的转型。

（3）建立全方位的开放式的、创新性的教育价值观。互联网上有着丰富的道德观与政治观。因此,在这一时代下的法治素质培育中,应该采用高度开放的模式,在教学内容、教学过程、教学方式等层面都应该实现开放。例如,在教学目标上,除了要有总体目标,还应该有具体目标,除了有知识目标,还应该有技能目标、价值观目标等,实现目标的多元化。

随着科技的迅速发展,其对教育的创新性要求越来越强烈。同样,大学生法治素质培育也需要树立创新教育价值观,注重培养大学生的创新思维与创新意识,培养大学生的创新性人格,使他们的意识更加坚定,更具有独立性。

2.优化大学生法治素质培育内容

法治素质培育价值观不可能凭空产生,需要不断充实培育的内容。法治素质培育的培育内容不是不加选择就能对法律信仰生成产生实效,必须优化培育内容,精准对标大学生法治素质的生成。

大学生法治素质培育对于广大非法学专业的大学生法律学习的重点,应从法律常识转变到法律意识与法治观念上来,其内容主要有如下几点。

（1）法律至上理念。法律至上理念是和各种专制理念、人治理念相对立的概念,是把法律作为最崇高、最权威的价值判断标准。没有法律至上理念,就无法真正树立对法律的信仰,不可能建设社会主义法治国家。

（2）程序公正理念。对公民法律信仰的培育,除了让公民得到公正司法结果外,还需要让公民体会到在执法过程中的公正对待,这就是要坚持程序公正的理念,其是保证公平与公正的一项重要保障。要想理解程序公正,就必须明确合法、公平与权益三者的关系。其中,合法性原则是前提,公平性原则是目的和价值追求,效益或效率是降低成本需要。法治素质培育中加强程序公正理念的教育,有助于提升大学生法治理念和法治精神,而且也是当代大学生培育法律信仰所必须树立的理念。

（3）权利意识观念。法律的核心在于对公民的权利进行把握。法律信仰与公民权利之间是相辅相成的关系。第一,加强权利意识,会让公民更好地承认法律,从而提升自身对法律的认同。第二,人们对法律的鉴定也会提升公民稳固权利观念,促进人们法律意识的增长。想要培养大学生的权利意识,就需要将权利从对公转向对个人,强化人们的权利观念与意识,提升他们的法律信仰。当大学生感受到法律的重要性的时候,内心就必然会产生对法律的一种特殊的情感,并随着法律的深化不断积累,从而不断升华为自己的法律意志。

（4）法律权威观念。随着中华人民共和国的成立,我国的法治建设有了进一步的发展,但是在现实的实施中,还存在一些问题。很多学生对法律产生怀疑,这对于大学生法律信仰的培育是极其不利的。因此,我们必须对法律权威进行强化。一般来说,法律权威包含两个层面。第一,树立法律在人们心目中的威信。第二,要求行为主体对法律的安排予以服从。这就要求法治素质培育工作者应该掌握创新的方法与技巧,加大宣传,提高学生对法律的关注,将法律价值与精神深深地印刻在大学生的头脑之中。

二、大学生安全素质培育

（一）大学生安全素质培育的内容

1.安全意识教育

思想是行为的先导,安全意识教育是大学生安全教育的第一要务和关键环节。大学生安全意识教育指的是"高等学校为维护大学生的人身、财产安全和身心健康,增强大学生的安全防范意识与自我保护技能而开展的一种教育活动"[①]。安全意识是每个人都必须具备的一种能力,而对于大学生而言,安全意识的培养更加重要。大学生安全意识的主要内容包括生命安全意识、网络安全意识以及总体国家安全观等。正确的安全意识、安全理念教育有利于大学生充分认识到生命的可贵,树立正确的、科学的、积极向上的生命价值观,增强学生的安全感、责任感和使命感。

---

① 钟新春.大学生安全意识教育研究[D].齐齐哈尔:齐齐哈尔大学.2013.

大学生的国家安全意识对国家的和谐稳定发展起着至关重要的作用。大学生应该增强对国家安全知识的理解和掌握能力,牢固树立总体国家安全观。做一名知法、懂法、守法、用法的大学生,有助于大学生养成良好的安全行为习惯。网络安全是当前社会面临的重要问题之一。大学生作为网络时代的主力军,应该更加注重网络安全意识的培养。学校应建立健全网络安全教育平台建设,及时发布校园安全动态登载相关政策法规,增强大学生网络信息安全意识,引导大学生树立正确的网络安全观。

在大学生活中,安全意识的培养不仅是学校、家庭等社会组织的责任,也是每名大学生自身的重要任务。大学生应该时刻保持警惕,增强安全意识,养成良好的安全行为习惯,为自己的人身财产安全保驾护航,为国家的和谐稳定发展做出自己的贡献。

2. 安全知识培育

安全是一个动态的社会问题,随着国内外安全局势的变化,传统安全与非传统安全都面临着极大的挑战。安全知识内容不断丰富,除了传统的国家政治、经济安全知识外,当代大学生还需掌握生命财产安全、心理健康等方面的知识。当代大学生安全知识重点包含以下四个方面。

(1)生命安全知识

生命安全是人们赖以生存与活动的首要条件。对于大学生而言,保障自身生命安全显得更加重要。在日常生活中,大学生需要掌握一些基本的户外旅游、防火、交通安全等知识。

对于大学生而言,保障自身生命安全的任务也包括宿舍安全管理。为了确保宿舍的安全,需要加强对宿舍安全管理规定的宣传教育。宣传教育的目的是引导学生注意防火安全,会使用并爱护灭火器材和消防设施。通过宣传教育,可以有效增强学生的安全意识,增强其安全防范意识,从而有效地降低火灾发生的风险。

同时,学生要养成自觉遵守校规校纪、交通法规的行为习惯,尊重生命,学会自我保护。这既是大学生应有的行为规范,也是保护生命安全的基本要求。在日常生活中,大学生要时刻保持清醒、冷静,不放松对自身安全的警惕,严防不测。

因此,保障大学生的生命安全是高校必须重视的一项工作。要实现这一目标,需要从多个方面入手,包括加强宿舍安全管理、增强学生安全意识、养成遵守行为规范的习惯等。只有这样，才能有效地保障大学生的生命安全，为其学习和生活提供更加安全、稳定的环境。

（2）财产安全知识

大学生在日常生活中，不可避免地会携带一些贵重物品，如现金、笔记本电脑、手机等。为了避免这些贵重物品丢失或被盗，大学生需要采取一些措施来保管它们。首先，应该将这些物品放在安全的地方，尽量避免将它们暴露在公共场合。例如，我们可以将现金放在钱包里，将笔记本电脑和手机放在行李箱或书包里，以免被偷窃。另外，对于一些价值较高的物品，如衣物、首饰等，我们可以使用特殊记号进行标记。这样可以方便我们识别和追回这些物品。例如，我们可以在衣物标签上加上自己的名字或特殊符号，以便于辨认。

在校园里，我们通常会使用校园卡来支付和管理学生生活。为了保障校园卡的安全，我们应该避免一次性充值太多的金额，以免发生丢失后无法挽回。如果不慎丢失了校园卡，我们应该及时挂失，以避免被人盗用。

此外，随着互联网的发展，网络诈骗已经成为一种常见的犯罪手段。为了避免被网络诈骗骗取财物，我们需要认清诈骗分子的伎俩，并增强安全意识。例如，我们应该谨慎打开来路不明的邮件和链接，避免泄漏个人信息和密码。

大学生还需要在思想上形成一道"防火墙"，保护个人财产安全。这意味着大学生需要时刻保持警觉，不要轻易相信陌生人的承诺，避免随便借钱或借物品给别人，以免被人利用或欺骗。只有这样，才能真正保障大学生的个人财产安全，让自己的生活更加安心和放心。

（3）网络安全知识

网络安全是国家和政府非常重视的问题。不仅是政府和企业需要保护自己的网络安全，大学生也需要学习网络安全知识来保障自己的个人信息和财产安全。

学习网络安全知识包括设置安全的网络密码、设置邮箱安全、智能手机安全、智能家居安全等，这些措施可以有效地保护我们的个人信息和财产安全。同时，我们还需要了解网络诈骗、网络病毒等网络安全威胁，以及如何预防和应对这些威胁。

大学生可以通过具有过滤功能的浏览器进行防御，一旦发现违法不良内容网站，也可以向有关部门积极举报。这些举报可以有效地打击网络不良信息和犯罪行为,保护网络环境的健康和纯净。

大学生应该规避网络不文明行为,自觉遵守全国青少年网络文明公约。不文明行为不仅会影响自己的形象,还会对他人造成困扰和伤害。遵守网络文明公约不仅是一种道德要求,也是一种法律规定。大学生要从思想上绷紧网络安全这根弦,不断提高网络不安全因素分辨能力和应对方法,积极成为网络安全卫士传递正能量。

（4）心理健康知识

在现代社会,大学生心理健康问题越来越引人关注。大学阶段是一个人成长的重要时期,很容易出现各种心理问题。因此,我们需要重视大学生心理健康状况。

在这个阶段,大学生应该学会调节自己的情绪,避免消极情绪成为"隐形杀手"。在生活中,很多事情都会让人感到不安、压抑和焦虑,但我们需要学会控制自己的情绪,保持积极乐观的心态。同时,大学生也需要培养良好的人格特征,养成科学健康的生活方式,不仅有益于身体健康,也有助于心理健康。当遇到困难或者心理问题时,不要独自承受,应该及时向家人、老师或专业的心理咨询人员求助。他们会给予专业的建议和帮助,让大学生更好地解决问题并保持心理健康。

大学生应该积极学习心理健康知识,培养良好的心理素质,建立健康的生活习惯,及时寻求帮助,让自己更加健康、快乐地度过大学阶段。

3. 安全技能教育

缺乏安全意识是安全事故发生的原因。这个问题是我们在日常生活中时常会遇到的。很多人会认为他们掌握了安全知识,但是在真正的危险情况下,他们却发现自己没有办法有效地应对。这是因为安全知识和安全技能存在本质上的区别。安全知识只是理论知识,而安全技能则是将理论知识转化为实践能力。因为在掌握了安全技能之后,我们可以更加自信地应对各种危险情况,从而减少安全事故的发生。这需要我们不断地在实践中积累经验,通过不断地练习来提高自己的实践能力。

大学生必备的安全技能可以分为以下几个方面。

（1）防骗技能

在网络时代,诈骗事件层出不穷,大学生作为网络时代的一代人,更应该提高警惕性,增强防范意识,保护自己的权益。以下是几点需要特别注意的事项。

第一,验证身份。在 QQ、微信等社交软件中,经常会遇到自称是 QQ 好友、网店客服、学校领导、警察法官等身份的人,这些人会发来链接,让你点击或者让你填写个人信息。这些信息很可能是骗子用来盗取你的个人信息的,因此,要先验证对方身份,不要轻易点击链接和填写个人信息。

第二,拒绝"小额垫资,高额回报"的骗局。不少骗子会利用大学生急于赚钱的心理,通过网上兼职刷单、代理、博彩等方式来骗取钱财。这些骗子常用"小额垫资,高额回报"的方式来诱惑大学生,让他们不断地投入资金。大学生应该坚持不听、不信、不转账,谨防这些骗局。

第三,抵制非法网贷和投资理财中的"高额回报""快速致富"陷阱。不少骗子会通过网络平台来进行非法网贷和投资理财活动,常用"高额回报""快速致富"等词汇来诱骗大学生。大学生应该提高警惕性,不要被这些诱惑迷惑。

第四,找工作要通过正规渠道。大学生兼职、找工作时,一定要通过正规渠道,并与公司签订劳务合同,保障自身合法权益。不要盲目相信所谓的"内部推荐"等方式,以免上当受骗。

第五,交友需谨慎。交友诈骗手法层出不穷,交友有风险,网恋需谨慎。不要轻易相信网上陌生人的话,以免被骗子利用。

第六,遭遇诈骗时要及时报警。如果你不幸遭遇了诈骗,一定要及时报警,并将相关的联系信息留存好交给警方,以便警方侦查破案。只有及时采取行动,才能保护自己的权益。在网络时代,大学生应该时刻保持警觉,加强防范,远离骗局。

(2)防盗技能

大学生需要时刻注意自己和身边人的安全。宿舍安全、外出防盗、手机防盗和养成良好安全习惯是大学生日常生活中必须做好的几个方面。

首先,宿舍安全是我们在校园中必须重视的问题。我们应该养成睡前门反锁的好习惯,出门时要关好门窗,将贵重物品放在有锁的柜子里。此外,我们还需要保持警惕,不让陌生人随意进入宿舍,避免发生悲剧。

其次,外出防盗也是大学生在日常生活中必须注意的问题。大学生应该看管好携带的个人财物,特别是在人群聚集的地方,让贵重物品始终保持在自己的视线范围内。此外,还要谨防扒手,不做"低头族",以免财物被盗。

再次,手机防盗也是大学生必须注意的问题。大学生可以通过设置多种防盗模式,只有解锁才能关掉警报声,有利于第一时间发现问题。如果手机被盗,也要及时止损,通过挂失手机卡、冻结手机支付、修改各类 App 账号的登录密码、及时通知亲友勿上当等应急措施将损失降到最低。

最后,养成良好安全习惯也是大学生必须坚持的。我们应该随手锁门、关窗,妥善保管贵重物品,不将各类账户密码和身份信息存于手机里,及时撕毁快递、外卖上的个人信息等。只有掌握常见的防骗技能,才能够保障自己和身边人的安全。

（3）防火技能

火灾是生活中常见的意外事故,它不仅会给人们的生命和财产带来极大的损失,还会对社会造成不良影响。因此,我们每个人都应该了解一些基本的火灾防护知识与技能,增强自我防范意识。

首先,我们应该尽可能避免使用伪劣电器和大功率电器,特别是长时间不停电的情况下。此外,及时报告安全隐患也是非常重要的,这样可以避免潜在的火灾危险。

其次,我们应该掌握拨打报警电话的注意事项。在报警时,一定要讲清着火具体地址、火势等信息,以便消防人员能够及时赶到现场进行救援。在等待消防人员到来的过程中,我们可以学会使用灭火器、消防栓等消防设施,尽可能减少火势的扩散。

在火灾发生时,我们应该迅速从最近的安全出口有序逃生。在逃生的过程中,我们可以用湿毛巾捂住口鼻,保护呼吸系统,避免吸入有毒烟雾。如果没有安全出口可供逃生,我们可以利用绳索或其他自然条件作为救生滑道等逃生技巧,尽可能保护自己的生命安全。

总之,增强自我防范意识,做好火灾防范工作,使我们的生命和财产得到有效的保护。

（4）自救互救技能

在日常生活中,意外事件时常发生。如果不及时采取有效的救护措施,就会导致严重的后果,甚至生命危险。因此,依靠"第一目击者"立即进行有效救护,抓住"救命黄金时刻"是非常重要的。这样做可以大大降低死亡率。

作为一名大学生，掌握紧急救护的技能是非常必要的。掌握心肺复苏技术、气管异物梗阻急救法、创伤止血包扎固定搬运技术等紧急救护技能，并运用简易装备进行简单急救，可以在紧急情况下帮助他人，保护他人的生命安全。

除了掌握紧急救护技能，大学生还应该提高自救互救技能。在突发事件到来的关键时刻，知道如何进行自救、如何向他人寻求救助，并能够有效地组织和协调救援行动，以减少伤亡和损失。另外，让更多的人理解生命的真谛也是非常重要的。生命是非常宝贵的，每个人都应该珍惜自己的生命，并尽力保护他人的生命安全。通过宣传和教育，让更多的人了解生命的真谛，增强生命意识，增强安全意识，从而有效地预防和减少意外事件的发生，保障人民的生命安全和身体健康。

（二）大学生安全素质培育的途径

1.大学生安全素质培育的主要举措

（1）开设专门课程教学

为了保障大学生各方面的安全，高校应不断推进安全教育，让安全教育进入学校、进入教材、进入课堂，成为大学生的公共选修课。

在安全教育方面，应实现线上线下教学方式相结合，大学生可以通过慕课、直播课程学习和线下的实践和课后作业的提交，增强安全知识。学生在这些课程中了解有关安全的法律法规、方针政策等，应对不法侵害和各类事故时的防范技能。

此外，安全教育的书籍越来越丰富，部分省市还专门出版了实用性较强的读本，以培养和增强大学生安全意识。这些书籍内容涵盖了人身安全、财产安全、网络安全等方面的知识，能够帮助大学生更好地了解安全问题并采取有效措施。

总体而言，大学生应该认真学习安全知识，自觉遵守规章制度，保障自身安全，为自己的人生保驾护航。

（2）开展专题教育活动

随着社会的不断发展，安全教育已经成为高校教育中不可或缺的一部分。为了确保学生的安全，高校已经将安全教育纳入主题教育当中。这些活动包括了新生入学辅导员召开安全教育主题班会，以及通过多种方式在特殊日子进行安全教育活动,引导学生自主参与、体验感悟。

（3）发挥校园文化作用

稳定的校园环境有利于安全教育工作的展开,所以充分发挥校园文化的作用具有非常重要的积极意义。

第一,高校需要完善基础安全设施配置,包括安装监控设备、加强校园环境整治等,以形成干净整洁且布局合理的校园环境。这样可以为学生提供一个安全、舒适的学习和生活环境。

第二,高校需要更多关注以文化人的作用,开展安全教育主题实践活动,利用班会、讲座、演练等方式,多途径、全方位地开展安全教育,使大学生对安全有更加全面深入准确的认识,帮助大学生形成正确的安全观。这样可以增强大学生的安全意识和防范能力,增强他们的应对突发事件的能力。

第三,高校需要开展各种宣传工作,如利用校园广播、开展安全知识竞赛等,开展防火、防盗等实际演练等方法,提高学生的应急处理能力。这样可以让学生通过多种途径了解安全知识,增强他们的安全意识和防范能力。

第四,高校的文化环境对大学生的影响是缓慢且短时间里不易外显的,但其影响力却是深远而持久的。所以,营造一个良好的校园文化环境,能够在潜移默化中帮助学生形成正确的安全观念和行为习惯。

第五,完善基础安全设施、开展安全教育、开展宣传工作等活动的实施不仅在一定程度上增强了大学生的安全意识和防范能力,也构成了校园文化的重要一环,良好的环境与教育活动形成良性互动,为创建平安校园提供了有力支撑。

第六,学校营造的人人讲安全、事事重安全的良好校园安全文化环境,体现了高校安全工作由被动灌输到主动接受,通过潜移默化的环境熏陶与教育活动的有机结合,让大学生自觉树立安全防范意识,内化为自觉行为,提高自身安全素质。

（4）充分利用社会资源

最近几年,学校与消防、交通、公安等有关部门共同为大学生创造了一个良好的环境进行安全教育。高校安全教育工作涉及多个部门,涉及范围广,要想发挥良好的作用,必须从多个层面入手。比如,对最近出现比较多的校园贷,除了要开设相关课程、组织讲座等方式,对学生进行教育和指导之外,还要将正式的金融贷款机构引进学校,让学生可以通过正规途径获取贷款。以扬州大学为例,在校园内进行"沉浸式"的校园平安教育,运用人机互动、触摸屏、智能电视等前沿智能技术,让学生可以更直观地体会到各种灾难给学生们带来的震惊冲击。同时,还邀请了一名消防员,对他们进行了详细的介绍和示范,让他们能够多角度、零距离地了解消防知识,从而提升自己的自我拯救和互救的能力。近几年,该校以"主题社区、示范楼栋、文化走廊、特色宿舍"的学生社区文化建设理念为指导,先后进行了各种主题的校园安全教育。

2. 加强大学生安全培育的对策

(1)强化学校安全教育功能

高等学校是我国人才培养的主要基地,在加强对大学生的安全工作中,必须充分利用好这一主渠道。通过构建完善安全教育运行机制、打造一支素质过硬的专业师资队伍、创新安全教育方式方法等手段,来加强学校的安全教育功能,提升大学生的安全意识。

①建立安全教育长效运行机制。高校建立安全教育长效运行机制,将安全教育工作落实落细,是保证大学生,校园安全问题的关键。要保障大学生的安全,建立安全教育长效运行机制是必不可少的。这一机制是保证大学生安全教育顺利有序开展的重要前提,也是打造平安校园的内在要求。以下是一些关键点,有助于建立这样的机制。

首先,高校各个部门要全员参与大学生安全教育和管理工作,同心协力相互配合,以更好地实现教育目标。学校保卫处要坚守岗位,对外来人员和车辆进行严格把控,为大学生健康成长营造安全稳定的校园环境。学生会、公寓管理办等部门也要切实履行好各自责任,如定期检查违规电器、到宿舍走访、通过微信群推送校园警情或安全常识、张贴发放宣传单等方式,进行宣传教育。

其次,在校党(团)委的带领下,高校思政课教师和专业课教师要共同参与,充分发挥好课堂教育的主渠道作用。辅导员要通过班委、测试、谈话等方式密切关注学生动态,尤其需要关注当前大学生较为活跃的思想动态,及时发现问题并于问题萌芽之初及时解决问题,避免问题的恶化甚至发生安全事故。

最后,建立安全教育长效运行机制,使各个部门权责清晰各司其职,才能在全校范围内形成"一起抓、共同管"的局面。这样的机制可以通过定期召开会议、制定文件、落实责任等方式实现。同时,学校也可以建立安全委员会,对校园安全工作进行统筹规划和协调管理。

另外,大学生是安全教育工作的重要参与者和发言人。在校园安全教育中,大学生应该充分调动积极主动性,增强自身的安全意识和责任感。作为校园安全的小管家,大学生应该积极参与到各种管理中来,以学生供给侧为主,发挥自身的主体性和作用。大学生不仅可以为学校提供一些新鲜的想法和建议,同时还可以在日常生活中发挥自身的作用,为校园安全稳定做出贡献。

为了增强学生的主体意识和责任感,学校应该充分发挥班委、学生会等学生团体的作用,让他们参与到各项安全管理中来。这些团体可以组织安全知识讲座、安全应急演练等活动,让大学生更好地了解安全知识和应对措施,提高安全教育的获得感。同时,学校还应该让大学生积极参与到校园的各项安全管理之中。例如,学生可以参与到宿舍安全巡逻、校园安全监控、食品安全检查等工作中来,发现问题及时报告并积极参与解决。

总之,建立安全教育长效运行机制是保障大学生安全的重要保障。只有各个部门同心协力,形成合力,才能够有效防范和解决安全问题,为大学生创造安全、健康、和谐的校园环境。

②加强安全教育队伍建设。为了保障大学生的安全,学校需要加强安全教育队伍建设,预防突发事件的发生。

首先,学校应该加强保卫队伍的专业素质。保卫队伍是大学校园中最直接的安全保障力量,他们需要掌握专业技能和应急处理知识,提前预防校园突发事故,为大学生安全添一份保障。

其次,学校应该发挥辅导员的育人作用,提高其教育本领。辅导员是大学生的重要导师,他们需要将安全教育纳入考核机制,激励创新教学方法,让学生自觉规避生活中的安全隐患。

最后,学校还要做好学科教师的安全教育培训工作。学科教师需要掌握安全教育知识,将其融入专业课教学内容,让大学生在掌握专业知识的同时注重安全。

此外,学校需要承担好育人责任,实现全员全程全方位育人。除了显性教育以外,隐性教育也同样重要。学校应该引导大学生自觉遵守规章制度,增强安全意识,提高自我保护能力。

③创新安全教育教学内容方法。安全教育教学应因时而进、因事而化、因势而新,这是安全教育的基本原则。特别是对于大学生这个人群,

大学生思维比较活跃,容易接受新鲜事物,传统理论说教反而不容易为大学生所接受。对于大学生进行安全教育,可以采取如组织安全知识竞赛、实战模拟等活动,以提高大学生的积极性和参与度。同时,通过大学生经常使用的 App 平台,可以张贴和发放安全知识宣传单,定时播放相关常识等方式进行安全教育。

注重以大学生喜闻乐见的方式开展安全教育,从而提升大学生的获得感和安全教育效果。通过生动有趣的形式,让大学生更容易理解和接受安全知识,同时也能够提高大学生的参与度和主动性。可以通过有奖知识竞赛或实战模拟等方式提高大学生的积极性和参与度,巩固和深化大学生的安全知识。通过这些形式的活动,可以让大学生更加深入地了解安全知识,提高应对突发事件的能力,从而更好地保护自己和他人的安全。

总之,大学生安全教育需要不断创新,采用多种形式和渠道进行,以增强大学生的安全意识和应对能力,保障大学生的安全和健康。

（2）提高大学生学习主动性

大学生作为安全教育的对象,只有自身在思想上提高认识,并能够自觉落实到日常行动中去,不断提高学习主动性和参与度,才能真正做到从本质上有效避免或减少安全事故的发生。因此,大学生安全教育不仅需要学校教育和家庭引导,更需要大学生自身加强自我教育,通过正确认识和理解安全教育的意义,积极主动参加社会实践活动等方式,在主动学习中不断提升安全素质。

①正确认识安全教育意义。近年来,大学生"玻璃心"现象愈发普遍。许多大学生出现焦虑不安、抑郁自杀倾向,这给校园安全带来了极大的挑战。在当今社会,物质生活丰富,但精神世界却相对贫瘠。许多大学生迷失了自我,忘记了初心和使命,对自己的未来感到迷茫和不安。这种心态容易让大学生陷入消极情绪中,进而影响他们的学习和生活。因此,大学生们必须充分认识到自己肩负的责任和使命。他们是国家的未来和希望,应该珍惜自己的生命,增强安全意识。尤其是在校园环境中,大学生们需要时刻保持警觉,避免发生意外事故。大学生必须从内心深处认识安全教育的价值,学习安全防范知识技能,勇敢面对生活的挑战。同时,学校也应该积极加强安全教育,为学生们提供更加安全和健康的校园环境。只有这样,才能让大学生拥有更加美好的未来。

②积极参加社会实践活动。社会实践是进行安全教育的一种主要

方式,可以有效地提升安全教育的亲和力和实效性,还可以有效地培养大学生的实际操作能力和应急处突能力。一方面,高校应积极举办有关活动,使学生有机会、有能力为自己的校园、自己的安全做出贡献。比如,在上下学高峰时,可以组织一些大学生志愿者去组织交通;对大学生进行防火、防震等方面的安全训练,并在学校的巡查过程中,引导学生发现问题并寻找解决问题的方法等,这些方法可以让大学生增强安全教育的重视,同时还可以让他们拥有更多实用的安全知识和技巧。另外,高校大学生自己也要提高自己参加安全实践的积极性和主动性,在进行实践锻炼的过程中,不断拓宽自己的视野、增长自己的技能、提升自己的意识,在面对未来的工作和生活中遇到的困难时,要具备更宽阔的胸襟和充足的知识储备,从而让他们的独立性和自主性得到加强。只有从心理上构筑起一道牢固的安全屏障,才能最大限度地降低安全事故的发生率。

综上所述,新媒体在大学生安全教育中发挥了重要的作用。通过引导和教育,大学生可以更加深入地了解安全知识,增强安全意识,增强安全素质。同时,新媒体也为大学生提供了更加便利的获取信息的方式,让他们更好地适应现代社会的发展。

第三节　大学生道德与人文素质

一、大学生道德素质培育

(一)大学生道德素质培育的内容

1.大学生基本道德规范

（1）爱国守法

所谓"爱国",其实就是对国民和国家之间的一种调整。无论在国内外,还是在新的历史大背景下,爱国精神都是我们首要的品格。在几千年的历史长河里,凭借着这种不屈不挠的爱国精神,中国人民克服了一次又一次的艰难困苦,涌现出了一代又一代光照日月、名垂青史的英雄人物,谱写出一首首慷慨激昂的赞美诗。

而"守法"则是对"爱国"规范的延伸,规范了公民与国家之间的关系,也就是将"守法"标准视为国民对政府负有的一种"底线"的道德义务。在推动中国民主与法制建设、建设法治社会的过程中,"守法"是每个公民必须具备的素质,是法制和德治相结合的根本。

（2）明礼诚信

所谓"明礼",就是指在公共场合对公众道德的规范。以礼待人,以礼相待,是每个人在公共场合都应该遵循的最起码的伦理规范。

"诚信",也就是公关方面的一种伦理,它是"明礼"的一种更深更高的境界,也就是古代所谓的"礼于外,诚于内"。诚信更是当今市场经济中应当被大力倡导的一种美德,诚信是市场经济中的道德先决条件,没有诚信,就不能进行交易。

（3）团结友善

"团结"以调整社会成员间的伦理关系为重点,着重于社会成员间的亲和力,即家庭成员间的团结、集体成员间的团结以及组织内部的团结、世界各地热爱和平的人民的团结。团结,就是人们为了一个共同的目的而努力时所建立起来的一种密切的关系,它能创造出一种钢铁似的无懈可击的力量。大学生要珍视团结、维持团结、顾全大局。

"友善"和"团结"属于一个层面上的伦理,具有类似的作用,只是侧重于个体间的亲善性。这也是一种与人相处的好方法,不管是对待自己的家人、亲戚还是邻居,不管是同事或者是陌生人,对于不同肤色、种族、民族、文化背景、宗教信仰的人,不管他们是老是少、贫富,不管他们是健康的,还是有残疾的,都应该一视同仁,友好相处。

（4）勤俭自强

"勤俭"是一种对个体公民提出的道德需求,这种美德更多地体现在个体的行动上。勤俭有两层含义:勤劳和节俭。要勤奋,要爱自己的工作,让自己变得更好,是每个人、每个国家自立自强、努力奋斗的体现。中国人既勤劳,又勤劳,还很节俭。在中国,自古就有"俭以养德"之说,节俭能使人"淡泊明志,宁静致远",这对于人们的身体和精神都有很大的好处。对于为官者来说,要"俭以养德",就是要节制铺张浪费,祛除恶念,使自己成为一个正直的人。节制不仅是一种治家的方法,而且也是一种与清廉有关的方法。有了勤俭节约的美德,在为人处政时能够保持清白不污,自律而不贪。

"自强",在很大程度上也是一种公民个体道德修养的需要,是一种和"勤俭"处于同一水平上的道德规范。"天行健,君子以自强不息"这句话,一代代流传下来,激励着中国人,无论遇到什么样的困难,都要保持自立自强,奋斗不止。

(5)敬业奉献

"敬业",在很大程度上是为了调整公民与职业之间的道德关系。它是职业操守的一个重要方面,具体表现为:尽职尽责,精益求精,把职责当成自己的生命。

"奉献",则是为了调整公民与社会之间的道德联系,从而引发市民对于别人所应承担的伦理义务。这就是我们在与社会、与国家、与他人相处时所必须具备的素质。"公德心"的含义主要有:"公德心""克己奉公""超越自我""服从大局""先人后己"。

2. 大学生"四德"培育

(1)社会公德培育

社会公德是人们的基本道德准则,它包含了爱护公共财产、遵守法律等基本内容。一个社会的公共道德水平在整个社会的精神文明和物质文明建设中都起着举足轻重的作用,能够促进经济的发展。社会公德对社会的风气与精神风貌也有重要的影响:只有当一个人具有了一定的社会伦理修养,他的精神状态才能与时代的发展相适应。所以,加强高校学生的公共道德教育,是培养学生自觉遵守公共道德,形成良好的社会风气的重要途径。这是每一个社会人员尤其是大学生义不容辞的责任。

(2)职业道德培育

在社会生活中,每个职业都有自己的道德,老师有自己的"师德",医师有自己的"医德",为官有自己的"官德",商人有自己的"商德",治学有自己的"学德",各个领域的学生在走出自己的学校之后,都要遵守自己的职业伦理以及自己的职业操守。专业伦理包括:热爱工作,诚实守信,为社会奉献,所以在新时代,要对职业道德进行强化,就必须从敬业之心、爱岗之责、诚信之为的专业价值入手,将其贯彻到具体的工作中去。

每一种职业都有属于自己的特定的职业道德准则,让每一个从业人员都可以对自己的职业行为作出荣辱、善恶、美丑的道德判断,同时还可以对美丑进行道德判断,这样就可以将广大的社会民意都动员起来,展开对其的道德监督。大学生在未来一定要走上工作岗位,为中国特色的社会主义事业服务,因此,职业道德不仅关系到社会和个人,也关系到国家的整体发展。所以,要注重和加强大学生职业道德的培育。

(3)家庭美德培育

家庭是社会的重要组成部分,是人类生活的基础组织形式。家庭在社会中扮演着极其重要的角色,是一个人成长的起点,是一个人生命中最重要的组成部分。家庭的意义不仅在于提供一个物理空间,更在于提供精神支持和情感归属感。家庭成员之间的互动和关系对于一个人的成长和发展具有重要的影响。

家庭美德是指在家庭中形成的一些道德规范和价值观念。家庭美德是社会主义精神文明建设的一个关键环节,也是保障大多数社会成员的幸福生活,促进社会文明的良性发展的关键。在家庭中,父母是最好的榜样和引导者。父母的行为和言行会影响孩子的品德和价值观念,父母的言行举止需要符合社会主义家庭道德的要求。尊老爱幼、邻里互助、男女平等等构成家庭美德的主要内容,目的是促进社会公民能够在家庭中扮演好成员的角色。家庭美德的培养需要从儿童时期开始,需要父母的引导和培养。

家庭美德对大学生的生活影响以及健康成长意义重大,大学生家庭美德建设有利于培植大学生的家庭美德,使之成为小家庭以及社会整个大家庭的好成员。大学生是一个有着强烈自我意识和独立性的群体,大学生家庭美德建设需要从尊重大学生个性出发,引导大学生形成积极向上的家庭美德观。大学生家庭美德建设对于大学生的成长和发展具有重要的作用,是大学生成为一个有益于社会的好公民的关键之一。

(4)个人品德培育

人才是推动社会进步发展的核心力量,而个人品德的培育对于人才的塑造和发展具有重要的作用。大学生个人品德的培养,能够促进个人的发展和进步,促进国家的安定团结,有助于大学生在社会实践中拥有良好品行。因此,大学生个人品德建设工作的重要性不容忽视。在这个过程中,教育部门不仅应该加强对大学生的道德教育和培养,更要将道德教育渗透到各个学科领域中,形成全员育人的良好局面。

同时,社会也应该为大学生个人品德建设提供更加丰富的资源和机会,如志愿服务、实践活动等,让大学生在实践中提高自己的道德素质和社会责任感。只有通过多种途径的培育和实践,才能让大学生从根本上树立正确的世界观、人生观、价值观和道德观,从而成为有益于社会、有良好道德素质的新时代人才。

3.大学生活的道德准则

(1)物质消费的道德准则

物质是所有生命形式的根本。高校学生的物质生活状况及其消费状况具有自身的特点。一方面,他们的生活要靠自己,但是他们的财务还不能完全独立。另一方面,他们作为消费者,由于经济的进步,人们的生活质量得到了改善,他们对自己的消费需求和欲望也得到了极大的满足。他们既不是生产经营者,也不能完全从他们的直接工作中获得收入,因此,所有的花费都必须由他们的家人来负担。在人们的传统消费观念受到冲击、社会消费模式改变、高消费趋势等因素的作用下,他们面对着消费水平和消费能力之间的冲突,经常出现消费心理问题,有的甚至会发生盲目的消费行为。为此,必须建立一套合理的消费伦理标准,引导高校学生的物质消费。

①合理适度。毋庸置疑,随着时代的发展,大学生的物质消费水平应当不断提升,但这个提升要被家庭和社会的经济可接受程度限定,所以要注意适当节制。理性地节制指的是在一个家庭和整个社会的经济能够接受的限度之内,不应该与现实的经济状况相背离,一味地去追求更高的消费需求。有些大学生对自己的家庭的财务情况置之不理,只是一味地去追求高标准、高消费,搞攀比、讲排场、摆阔气,纵情于吃、喝、玩,有些人甚至因为这个原因而欠债,走上了盗窃之路,乃至被依法惩处。这些不理性的支出需求造成了很大的负面影响,应该引起大学生的警醒。"理性、节制"标准也有其自身的规律性与科学性。在物质消费方面,一是要从自身的经济状况出发,强化对自身的财务规划、对物质生活进行合理的规划;同时,也要关注到,在目前的经济状况是有限的前提下,要尽量合理地对自己的生活进行改善、丰富和美化,用有限的物质消耗来换取最大的生活效益。

②艰苦朴素。自古以来,我们的劳动人民就以艰苦朴素、吃苦耐劳为光荣,以贪图安逸、奢侈享乐为耻,即便是在物质条件改善、生活富

裕的时候,我们也坚持要维持我们的劳动人民的本色。目前,尽管我们的生活条件得到了极大的提高,但同世界上最先进的国家相比,我们仍有一定差距,所以我们现在的工作还很艰巨,要坚持艰苦朴素的优良作风。就大学生而言,在物质生活方面,需要注重节约、俭朴、大方,不与人攀比、不炫富。这样既可以保持我们的原生态,发扬我们的艰苦奋斗精神,又可以在艰苦的环境中磨炼我们的意志,鼓舞我们的士气,培育我们为建设一个强大的社会主义现代化国家而拼搏奋斗的精神。

③勤俭节约。勤俭节约与艰苦朴素是中华民族一直以来所倡导的传统美德。在现代,这些美德依然被认为是值得坚持的家风。这不仅是一种精神追求,更是一种道德底线。我们应该在日常生活中,珍惜每一分钱、每一滴水、每一度电、每一粒粮食,合理使用资源,不浪费不挥霍。大学生更应该珍惜家庭和国家提供的经济费用和物质资料,爱护教学设施,合理使用财力和物力,节约用钱、用水、用电、用粮。作为中华民族的传统消费文化精华的继承者,大学生应该坚持合理消费,发扬勤俭节约精神,保持艰苦朴素的传统。这不仅是大学生的道德要求,也符合现实国情。在物质生活领域,我们需要加强道德修养,以此为准则。

尽管现在社会发展迅速,物质生活水平不断提高,但是勤俭节约的精神仍然值得我们去坚持。大学生作为社会的中坚力量,应该以身作则,从自身做起,从小事做起,发扬勤俭节约、艰苦朴素的传统美德。只有这样,才能真正体现出大学生的价值,为建设美好的社会、美好的家园,作出积极的贡献。

（2）人际关系与交往道德

人类是社会性动物,我们的生存方式和人生都需要进行交往。在大学阶段,人际交往标志着一个新的发展阶段和生存境界的到来。然而,人与人之间的交往需要真诚、理解和尊重,这三者是调节人际交往的基本道德要求。

①真诚。真诚是人际交往中非常重要的品质,它是指一个人的外在言行和内在思想是一致的,包括自我表现的真和待人处事的诚。在人际交往中,真诚是非常重要地因素。如果一个人表现出真诚的态度,他会得到别人的信任和尊重,并且能够与他人建立良好的关系。反之,如果一个人虚伪、表里不一,或者不关心他人的需要,那么他就会失去他人的信任和尊重,建立不了真诚的交往关系。

在人际交往中,真诚是一个双向沟通的高频率互动过程,交往双方需要遵守对等原则。这个原则指的是在交往中，双方应该互相尊重、平等地对待对方。这样做可以建立良好的关系，避免矛盾和冲突的发生。同时，人格精神也是有效交往的关键因素。这包括诚信、责任感、同情心等品质，这些品质可以帮助我们更好地理解和关心他人，并且在交往中保持真实和公正。

在交往中，真诚是一种非常重要的品质。只有当我们真实地表达自己的想法和感受时，才能建立真正的信任和理解。因此，真诚也是有效交往的前提条件。不过，在交往中，虚伪和误解也是难以避免的。有时候我们可能会因为顾虑他人的感受而隐瞒自己的真实感受，或者因为对方的态度和行为出现误解而导致交往出现问题。为了消除这些问题，我们需要勇于面对并解决问题，同时也需要理解和尊重他人的感受，以避免产生不必要的冲突和矛盾。

真诚在交往中的重要性不言而喻。只有当我们真实地表达自己的想法和感受时，才能建立真正的信任和理解。在交往中，我们需要以真诚的态度去对待他人，同时也需要给予他人足够的尊重和信任。只有这样，我们才能建立良好的关系，促进有效的交往。

②理解。人际交往是人们日常生活中不可避免的一部分，但由于个人背景、经历、价值观等因素的不同，可能会导致交往中的误解和冲突。这时候，相互理解就显得尤为重要。

理解是指在交往中能够理解别人的想法和行为，并尝试从对方的角度去看待问题。相互理解的第一步是要理解对方的角色意义和行为价值。每个人都有自己的特点和优点，我们需要认识和评价这些特点，并尊重对方在交往中的角色定位和价值体系。只有这样，才能建立良好的互信基础。

当出现误解和冲突时，我们需要通过相互理解来解决。这需要双方都有开放和包容的心态，不断沟通、倾听和理解对方的观点和想法。在这个过程中，我们可以通过视角转移、角色互变、情感关注等方法来加强理解，让对方感受到我们的关心和尊重。

相互理解是消除交往障碍、解决行为冲突的最一般也是最有效的途径。在交往过程中，我们需要保持开放的心态，只有交往双方都理解和尊重对方的角色和行为价值，才能建立起良好的人际关系，避免因误解和冲突而导致的交往失败，让交往更加顺畅和愉快。

③尊重。尊重是指在交往中尊重别人的人格、权利和选择。在大学

生活中,不管是什么形式的交往,都应以相互尊重为原则。在交往中,应该注意不揭别人短处,不轻易否定别人的思想和行为选择。这是因为每个人都有自己的思想和行为方式,我们应该尊重并理解他们的选择。如果我们随意评价别人,就会失去对方的信任和尊重。

在大学生活中,我们需要时刻牢记交往的原则和道德,以建立健康、平等、互相尊重的人际关系,不仅对自己有利,也对他人和整个社会有积极的影响。

(二)大学生道德素质培育的途径

1. 细化培育目标

在社会主义市场经济的背景下,为了构建一个健康的社会价值体系和道德规范体系,我们必须以利益关系和自由平等为基础。这是一个既需要关注个人利益,又需要注重公共利益的体系。因此,当我们培育大学生的道德素质时,必须考虑时代背景,尊重大学生的利益选择,并将解决大学生思想问题同解决物质问题结合起来。

然而,过于片面地强调个人对社会的责任义务和过度倡导奉献,而忽视个人利益,只会适得其反。因此,我们需要建立一个平衡的价值观,既注重个人利益,又关注公共利益。在培育时代新人的道德素质时,我们需要提高"私己性"品质的同时,更需要完善"公共性"精神。这意味着,我们需要培养一个具备公共责任感和社会意识的时代新人。这样的时代新人应该具备基本的公共素质和文明礼仪,尊重他人,关心社会,能够行使公民权利并承担公民责任。这样的时代新人才能真正为社会的发展和进步作出贡献。

2. 丰富培育内容

道德素质是指人们在日常生活中所具备的道德修养与素质,它是一个人在道德上的修养和素质。道德素质的培育必须立足生活,亲历性和实践性是关键。只有亲身经历和实践才能让人更好地体会到道德的重要性和实践价值。

道德素质的内容体系由对立统一构成,包括幸福与快乐、不幸与苦难、善良与互助、欺骗与冷漠等。在日常生活中,大学生道德素质的培育要充分利用各种遭遇,化危机为转机。

道德素质的培育还要引导青年有忧患意识,认识到危机伴随生命的全部历程且不可避免,从而形成健全、理性的道德观。在生活中,青年人可能会遇到各种挫折和困境,这时候他们需要克服困难和挑战,培养出坚韧不拔的品质和勇气,以此来提高自己的道德素质。

道德素质的培育是一个长期的过程,需要我们在日常生活中不断地去实践和修炼。只有通过不断的实践和修炼,才能够培养出高尚的品德和良好的道德素质。同时,我们也应该注重引导青年人在生活中认识到危机和挑战的存在,从而培养出健全、理性的道德观,提高自己的道德素质。

3. 优化培育方式

课堂教学中应注重道德情境的塑造,通过创造真实的情境,让学生产生强烈的道德情感体验。这种情感体验不仅有助于培养学生的道德意识,更能够让他们深刻理解"道德"这个概念。

然而,在培养道德意识的过程中,不能仅仅着重于道德判断的结果。留有一定的"酝酿""顿悟"空间,让学生在思考的过程中自行发现道德问题的根源,从而更好地理解道德的本质。

此外,我们应该善于利用"告诫""唤醒"来帮助青年摆脱道德失控。当学生犯了错误时,我们应该及时指出他们的错误,并引导他们认识到这种错误的严重性。同时,也要引导学生从错误中吸取教训,让他们明白道德行为的重要性。总之,课堂教学中应注重道德情境的塑造,留有一定的"酝酿""顿悟"空间,善于利用"告诫""唤醒",并注重道德教育与实践的结合,并将道德观念转化为实际行动。

4. 重构网络教育

网络时代已经成为我们生活的重要一部分,但是在这个虚拟的世界里,人们的言行却不尽合适,网络空间的道德建设也愈发受到关注。作为青年学生,我们需要逐渐具备文明自律的意识,保护自我理性,以及规范自身道德行为。

首先,网络空间道德建设的基础是文明自律。网络虚拟的特性让人们更容易妄言妄为,甚至是攻击他人。因此,我们需要提高自我素质,自觉遵守网络规范。

其次,网络教育需要保护自我的理性。网络信息繁多,其中不乏虚假信息、误导信息等,所以我们需要学会辨别真假信息,保持理性思维。

再次,教师也需要发挥重要作用。教师应该引导大学生以"他者意识"来规范自身道德行为。通过让学生站在他人的角度思考问题,帮助他们树立公正客观的价值观。教师还应该增强青年对网络公共生活的参与能力。在网络公共生活中,我们应该积极参与讨论、发表意见,增强自己的社会责任感。

最后,网络公共空间能使青年更深切地体知当下社会,更准确地把握当前责任。网络公共空间是青年学生了解社会、关注社会的重要途径,通过参与讨论、交流,我们可以更全面、更深入地了解社会现象,更好地把握当前的社会责任。

总之,网络道德建设需要我们不断增强文明自律意识,保护自我理性,规范自身道德行为。同时,教师也要发挥重要作用,引导青年学生树立公正客观的价值观,增强对网络公共生活的参与能力。网络公共空间也是我们更好地了解社会、把握当前责任的重要途径,让我们共同向着文明、和谐的网络空间努力。

5. 营造浸润环境

作为重要的外部保障,德育环境制约着时代新人道德素质的发展。大学在实施"三全育人"的过程中,要改变传统的模范教育模式,将新时期大学生的品德素质培养融入其中,构建系统化的、浸润式的德育生态。在教育的内容方面,大学要突破院系、专业、班级等传统的教育单元的限制,在教授专业知识的同时,也要建立一套与生命价值、社会责任相结合的道德知识体系,改变老师那种高高在上的道德说教者的角色,注重学生与学生间的平等对话,指导学生从善待生命到理解人生、从规范律己到对别人负责,从而构建出一套完善的自我检讨制度。从办学思想上看,高校应以"正义"为基石,以保障学生的机会平等和教育资源的合理配置为前提,以促进学生的自身利益和社会的发展为目标;以民主的管理模式,让年轻人加入学校的发展中来,让年轻人有更多的时间去做自己的决定,让年轻人有更强的道德责任感。从学术精神层面看,高校一方面应超越"工具理性"的限制,以"启真崇善"的人文关怀重构大学生的道德理念,不仅要发扬"上行下效"的进取精神,更要发扬"上善若水"的进取之风;另一方面,要大力提倡"止于至善"的崇善精神,推动科技和人文的融合,让对社会的关注变成年轻人提高自身素质的一种内在动力,将尊重人、包容人、关爱人融入年轻人的事业计划之中,让促进人类福利变成一份终生的事业。

二、大学生人文素质培育

(一)大学生人文素质培育的内容

1.传授人文知识

在大学教育中,人文素质的培育是至关重要的。这种素质的培育需要以基础人文学科为载体。人文学科是人文知识的主要载体,以人类精神文化生活为研究对象。这些学科涉及人类的历史、文化、哲学和艺术等方面,是培养大学生人文素质的重要途径。

"文史哲"是人文学科的基础和经典学科。这些学科教育人们认识人的本质和建立自身的价值体系。文学研究人类的语言和文化,历史研究人类的社会、政治和经济历程,哲学研究人类的思维和价值观。这些学科为人们提供了丰富的文化知识,帮助他们理解人类文化的演变和发展。

通过学习人文学科,大学生能够认识到历史和文化对人类形成的影响,从而建立自己的价值观和人生观。他们可以从中获得启示和启发,发现自己在这个世界上的位置和价值。因此,在大学教育中,培养大学生的人文素质是非常重要的。这需要通过基础人文学科的学习来实现。学生需要深入研究文学、历史和哲学等领域,从中获得知识和启示。通过这些学科的学习,大学生不仅可以掌握丰富的文化知识,还可以建立自己的价值观和人生观。这对他们未来的发展和成长都非常有益。

2.启迪人文思想

(1)人与自我

人生只有一次,每个人都应该珍惜自己的生命。但是,认识自己却是一件非常困难的事情。认识自己包括了对自己的性格、价值观、兴趣爱好、优点和缺点等方面的了解。只有正确认识自我,才能更好地面对人生的挑战。

然而,大学生常常存在自我认知偏差。这种偏差包括自负、自卑、虚荣、自我中心、从众等。自负的大学生往往认为自己无所不能,而忽视了自己的不足之处。自卑的大学生则对自己缺乏信心,过分强调自己的缺点。虚荣是大学生为了满足自己的虚荣心,而不顾及他人的感受。以自我为中心的大学生则只关注自己的利益,而忽略了他人的需要。从众的大学生则没有独立思考的能力,总是跟随他人的步伐。因此,大学人文教育的任务之一就是帮助学生树立正确的自我认知观。这需要大学教育者在课程设置、教学方法等方面下功夫。要让学生意识到自己的不足之处,正视自己的缺点,尽可能地发挥自己的优点。同时,也要让学生明白,自己的行为会对他人产生影响,应该注重他人的感受,以更好地融入社会。

(2)人与他人

人与人之间的关系是世界中个人首先打开的维度。每个人都经历着自我和他者的存在,这种存在使得我们无法孤立地生活在这个世界上。因此,处理自我与他人之间的关系是非常重要的,需要我们遵循社会公平和人道主义精神。

人道主义精神是一种更加广泛的人际关系处理方式,它不受社会地位和身份的限制,而是强调所有人的平等和尊严。因此,在现代社会中,我们需要更多地关注人道主义和利他精神。

人文教育是一种注重人类文化、历史和哲学的教育形式,它强调人的精神气质和道德品质的培养。然而,人文教育的精神气质需要改变。我们不能只注重技术性的修正和个人的努力,而应更注重精神性的培养。这种培养需要我们注重人与人之间的关系,尊重他人的权利和尊严,并遵循社会公平和人道主义精神。

(3)人与社会

①人与国家。中国人的爱国教育始于乡土教育,从身边、脚下的土地开始。这种教育基于对家乡的热爱和对祖国的忠诚。因此,从小学习乡土知识和文化,对于增强个人的民族自豪感、文化自信心和国家归属感至关重要。

现代人最大的精神危机是自我迷失,缺失"根"的教育是最初、最根本的丢失。在当今快节奏的社会生活中,人们往往忽略了自我的内在需要,追求物质需求的满足。这种现象在青少年中尤其明显。因此,我们需要从教育的角度出发,注重培养学生的文化自信心和家国情怀,帮助他们建立正确的世界观、人生观和价值观。

某些"爱国主义"和"爱国主义教育"之所以流为空洞的口号,就在于它没有深植入精神之"根",没有"乡愁",何来"国恋"。爱国主义教育不仅仅是灌输一些口号和概念,而是要让学生从小就了解国家的文化背景和历史渊源,从而形成对祖国的热爱和忠诚。

现代中国需要有深厚的优秀的民族文化底蕴的人才,能以民族国家内部的经济利益、社会福利、政治民主、社会公平、法治和道德建设为己任。这些人才应该具备一定的爱国主义精神和民族自豪感,同时还要有开放的思维和国际视野,具备创新精神和实践能力,能够在国内和国际舞台上为祖国争光。

②人与世界。全球化的趋势加速了文化交流、交融、交锋。在这个过程中,文化差异是一个非常重要的问题。然而,我们需要认识到文化差异背后的共性建立在人类共性上,这是我们能够互相理解和合作的基础。

为了应对这个挑战,教育界需要为新世纪的大学生提供更广泛的视野。他们需要了解全球宏大事件和国际难题,以便更好地适应这个世界的挑战。

文化多样性是世界的财富和资源,我们不能固守民粹主义。同时,我们也不能放弃民族价值观和文化地位。我们需要学会平衡这些因素,以建立一个更加开放、包容和多元化的世界。

全球化带来了许多挑战,但也为我们提供了许多机会。如果我们能够处理好文化差异和共性的关系,我们就能够在全球化的时代中取得成功。

(4)人与自然

人类在大自然中生存、发展,也受到大自然的制约和影响。因此,对于大自然的尊重和保护,是人类必须关注的问题。

人类与大自然的关系是一种生命的关系,是一种共生共荣的关系。只有尊重和保护大自然,才能实现人类和社会的可持续发展。教育大学生具备人文素质,是推动人类与大自然和谐共处的必要条件。

3. 培育人文精神

人文精神是人类价值观的核心,是对真、善、美的追求。为了构筑出一个真正的信仰维度,我们需要建立起一个求真、向善、尚美相统一的人文精神系统。这个系统将为我们提供道德和信仰的指引,引领我们走向一个更加美好、更加高尚的人生境界。建立一个求真、向善、尚美相统一的人文精神系统是我们信仰之路的必由之路。通过人文教育和道德活动,我们可以不断完善自己,走向更加高尚的人生境界。

（1）求真

教育是人类摆脱无知恐惧、获取生存力量的途径。从最基础的识字、算数,到高等教育的专业知识和研究,教育阶梯越高,学生的求知求真的欲望越强。在高等教育阶段,学生们面临着更为严峻的挑战和考验,这个阶段的宿命就是求真。

求是精神和求实精神是大学的精神宗旨。大学教育的目的不仅是为了培养具有专业知识的专业人才,更是为了培养具有独立思考、创新能力、社会责任感和公民意识的人才。

然而,近年来,急功近利和浮躁风气与实事求是的学术风气不相容,这种现象对于大学教育来说是一个严重的挑战。在如今这个社会,经济利益和学术成果的竞争压力越来越大,这也使得一些人不惜采用不正当手段来获取所需要的成果,这样的行为不仅会对学术界产生负面影响,更会对整个社会造成不良的影响。因此,我们需要大力戒除这种急功近利和浮躁的风气,弘扬实事求是的学术风气。只有这样,我们才能够培养出更多具有创新能力和责任感的人才,为社会的发展做出更大的贡献。

（2）向善

高等教育的对象是人,人的生存不仅是事实判断,更是价值判断。人力求"体面地活着","有意义地活着","过一种高尚的生活"。因此,教育作为一种人道主义的事业,其价值在于使个体生活得更有意义、更高尚。

大学不仅是学术研究的场所,更是人才培养的摇篮。因此,大学教育要在追求真知的同时致力于学生品性的养成。这包括了道德修养、思想品德、社会责任等方面。只有这样,才能真正地实现高等教育的价值。通过大学教育,我们可以培养出更多有价值的人才,为社会的发展做出更大的贡献。同时,大学也可以成为社会进步的重要推动力量,为社会发展提供更多的智慧和力量。

大学生只有担负起未来社会的责任,才能成为有价值的公民。在今天这个变化日新月异的社会,大学教育的价值和意义显得尤为重要。在大学教育中,学生的品性和价值观的养成同样重要。大学教育的重要性在于其能够帮助学生发掘自己的潜力,塑造他们的品格和价值观。一方面,大学应该为学生提供优秀的学术环境和机会,帮助他们获取更广泛的知识和技能。另一方面,大学还应该通过培养学生的公民意识(这种公民意识包括了学生对社会和国家的责任感、对自然环境的保护意识、对人类文明的尊重和包容等)和责任感,推动他们成为具有参与意识和责任感的公民。

（3）尚美

大学人文素质培育需要满足人的心理结构中"情感"层次的需要。情感是人类的基本情感体验之一,也是一个人认识世界的重要途径。在大学教育中,情感教育是重要的一环,因为它为学生的人文素质提供了关键的支持和帮助。

情感作为把握世界的一种独特方式,与人的认识相伴随。情感是人类认识世界的重要途径之一,它与人的思维、知觉、记忆等认知过程相互作用、相互促进,共同构成人类认识世界的多元化途径。审美情感的力量也是其中之一。高等教育不仅要求学生具有扎实的学科知识和专业技能,更需要学生具备审美情感力量。这种力量可以提高学生的综合素质,使其在职场中具有更高的竞争力。因此,在大学教育中,应该注重情感教育和审美精神培养,为学生的人文素质提供更全面的支持和帮助。审美精神是人类普遍存在的一种心理状态,它可以使人们赏识美的事物、体验美的情感,并在此基础上产生一定的思考和创造。在大学生的成长过程中,培养审美精神可以提高他们的超然性,使其具有更好的心理素质;提高和谐性,使其具有更好的人际关系;提高创造性,使其具有更好的实践能力。

4. 塑造人格

（1）人格养成是教育的宗旨

在大学里,学生们开始自觉地思考和探索,他们不再满足于仅仅接受知识,而是开始提出深刻的疑问,并渴望得到回答,寻找属于自己的价值观。在这个过程中,人文素质培育成为引导大学生寻找到正确答案的重要途径。人文教育通过人文学科的教育完善了受教育者的知识结构,健全了受教育者的心理结构和人格结构。

人文素质是大学生成长中不可或缺的一部分。它不仅仅是一种学科知识的传授，更是一种对人性的理解和尊重，一种对人类文明的认识和感悟。

在大学教育中，人文素质培育被赋予了重要的使命。通过人文学科的学习，大学生可以更好地理解人类社会的历史、文化和价值观念，更加深入地了解人类的本质和命运。在人文素质的引导下，大学生可以更加清晰地认识自己的内心，找到自己的价值所在，形成自己的人生信仰和追求。同时，他们也可以更好地面对人生中的挫折和困难，更有信心和勇气去追求自己的梦想。

大学生需要通过深入的人文学科学习和思考，从中汲取营养和力量，成为有思想、有情感、有人格的社会人才。只有如此，才能在未来的人生道路上更加坚定自己的方向，更加充实自己的人生。

（2）加强对大学生的价值关怀

人文教育是一种精神文化和价值系统的传递，通过教授文学、历史、哲学等学科，可以帮助大学生了解人类的文化遗产和智慧传承。这些知识和经验可以让大学生更加深入地理解人类社会的本质和意义，理解人类所追求的目标和价值。

人文素质培育不仅是一种知识传授，更是一种指导学生在生活中做出价值判断和行为选择的方法。通过人文教育的学习和实践，学生可以建立起正确的人生观和价值观，形成自己的人格和思想体系，从而更好地应对各种挑战和机遇。

然而，现实生活中，一些错误的价值观也会对大学生产生负面影响。拜金主义价值观认为，金钱和物质享受是人生的最高追求，而忽略了人类真正的价值和意义。这种价值观会导致人们变得贪婪、自私和冷漠，对社会和他人失去责任感和同情心。因此，需要教育和纠正这种拜金主义价值观，通过人文素质培育的方法，引导学生正确地理解人类社会的本质和意义，认识到人类追求的真正价值，从而建立起正确的人生观和价值观。

（二）大学生人文素质培育的途径

1. 强化人文素质培育的理念

（1）以立德树人为根本任务

在现代社会,大学教育被认为是人才培养的重要阶段。大学生人文素质的培育和提升是大学教育的关键时期。因此,高校人文素质培育需要改革现有教育模式,明确"立德树人"的教育理念。

立德树人是对高校"用什么培养人"以及"培养什么人"的回答。立德树人作为高校教育的核心理念,强调大学生的德性培养。德是才之基,教育以育人育德为本,才与德彼此依存。因此,高校人文素质培育需要立足于德育教育,注重大学生的德性培养。

大学生需要具备崇高的道德修养、高雅的文化气质、健全的人格品质、深厚的人文精神。这些素质的培育需要在大学教育中得到重视。高校应该注重人文素质的培育,加强人文教育的内容和形式。

为了实现高校人文素质培育的目标,需要在教育模式上进行改革。高校应该采用多元化的教育方式,注重学生的自主学习和思辨能力的培养。同时,大学教育也应该注重实践能力的培养,培养学生的社会责任感和创新精神。

（2）以"新发展理念"为指导

①坚持创新发展增强人文素质培育的动力。在大学中进行人文素质培养,要以当前的发展新阶段和构建发展新格局为基础,把创新作为其中心内容,进行理念、教学和内容的创新；将创新的机理和方法作为重点,加强对学生的理论知识的教育和对学生的实际技能的训练,丰富教学内容,改进教学方法,推动人文素质的培养方式的改革,使创新成为人文素质教学中的一种常态。

②以协调发展凝聚人文素质培育的合力。大学生的人文素质培育是一项系统的工程,这意味着需要多方面的力量共同参与。作为主阵地的高校应该积极统筹各方面资源,将人文素质融入课程教学、党政管理、制度建设、实践活动、校园文化的每一个细节之处。这样全方位的培养方式对于学生的素质提升将起到更加全面的促进作用。

隐性教育与显性教育的结合是培养大学生人文素质的关键之一,这种方式可以构建人人协同、课课协同、部部协同育人共同体。通过这种方式,可以让学生在课堂上、实践中、校园文化中全面提升自己的人文素质。除了高校的努力,社会也应该积极宣传正确的价值观,完善用人机制,主动更新人才观。这样可以创造更加适合人文素质发展的社会氛围,帮助大学生更好地发掘自己的潜力。在家庭教育方面,家长也要重视自我素质的提升,关注孩子的情感、人格及精神层面的教育,注重孩子的全面发展。这样可以让大学生在家庭环境中得到更好的支持,更好地发掘自己的人文素质。另外,大学生也要更新认知、加强自律、丰富实践,努力提升自己的人文素质。

③以开放发展拓宽人文素质的培育视野。在当今社会,高校要想立足于竞争激烈的教育市场,就必须不断提高自身的核心竞争力,而人文素质的培育则是提高核心竞争力的重要途径。因此,对内搞活、对外开放成为高校开展人文素质培育工作的必然选择。

第一,培育大学生的人文关怀与人文精神。高校建设的时代内涵是培育大学生的人文关怀与人文精神。这需要高校注重学生的情感教育,让学生具备社会责任感、同情心和爱心等品质。同时,高校也要注重学生的思想教育,让学生具备独立思考能力和批判思维能力。

第二,积极探索与人文社会学科的融合。要拓宽人文素质培育的视野,就需要积极探索与人文社会学科的融合。人文社会学科包括哲学、历史、社会学、政治学等,这些学科能够为学生提供更广泛的知识和更深入的思考。高校可以通过开设跨学科课程、组织学术研讨会等方式,推动人文社会学科与其他学科的交叉融合。

第三,开放学校教育的大门。要创建"大国工匠进校园"人文素质培育的育人新模式,就需要开放学校教育的大门。这意味着高校应该积极与社会各界合作,邀请企业家、专业技术人员等到校园进行交流和讲座,让学生了解社会的发展趋势、产业的要求和人才的需求。

第四,邀请相关管理人员到学校进行演讲。为了促进产教融合,强化人文素质培育的育人效果,高校应该邀请相关管理人员到学校进行演讲,传播企业文化与价值观。这可以让学生了解企业的文化和管理理念,增强学生的职业素质和企业意识,为学生未来的职业发展奠定基础。

④以共享发展明确人文素质培育的指向。共享经济已经成为当今社会的重要发展趋势,也成为国家实现人民共同富裕的助推器之一。在教育领域,共享资源的理念也逐渐被引入,以实现师生资源的共享和平

等对话,同时转变传统人文素质培育中单向度的教学方式,推行交互式、问题式的教学方式。

在共享教育的理念下,教育者需要尊重学生的主体地位,充分发挥学生的主观能动性和创造性,通过互动交流,为学生提供更多的自主选择和主动学习的机会。同时,教育者也需要加强对大学生身心发展、兴趣爱好、价值诉求等方面的关注,夯实大学生获得感,提高学生的学习积极性和自我管理能力。

共享教育不仅有利于学生的个人成长,也有助于学生服务国家建设、社会进步、人民幸福的主体意识的增强。通过在教育中增强学生的社会责任感和公民意识,培养学生的爱国情怀和社会责任意识,使得学生能够更好地参与社会建设和发展。

2. 推进人文素质培育课程体系改革

(1)建立专门的管理机构进行统筹规划

建立专门的管理机构进行统筹规划,是保障学校管理工作顺利开展的重要前提。在学校内部,需要健全自上而下的领导管理保障体制,同时设立同级管理机构,实现分级管理,确保管理工作顺畅。各部门之间要分工明确、共同合作、相互监督,避免重复工作和矛盾冲突的发生。

为了提高管理水平,学校需要重视管理人员人文素质的提升,促进优秀管理团队的形成。管理人员不仅需要具备专业能力,还需要具备人文素质,包括道德修养、情感管理、沟通能力等方面的素质。只有这样,才能更好地和各方面进行协调,推进学校管理工作的顺利开展。

平衡学校的行政权力与学术权力,提高人文素质培育管理的质量,是学校管理工作的重要任务。学校的行政权力和学术权力需要平衡,避免因过分追求行政管理而忽视学术发展的重要性。同时,学校需要注重人文素质的培育,提高管理人员的人文素质,为学校的管理工作注入更多的人文色彩,增强其人文特色。

在探索人文素质培育管理新思路方面,学校需要不断尝试创新,形成独具人文特色的管理之路。例如,可以引入心理学、社会学等学科的理论和方法,为学校管理工作提供更多的思路和帮助。同时,学校也可以将学生的人文教育与管理工作相结合,为学生提供更加全面的教育服务。

总之,学校管理工作的顺利开展需要建立专门的管理机构,健全领导管理保障体制,实现分级管理,各部门之间分工明确、共同合作、相互监督。同时,需要重视管理人员人文素质的提升,平衡学校的行政权力与学术权力,探索人文素质培育管理新思路,形成独具人文特色的管理之路。只有这样,学校的管理工作才能更好地开展,为学校的发展和师生的成长提供更好的保障。

（2）加大对人文素质培育课程的宣传

在当今社会,人文素质的重要性越来越被重视,而大学生作为未来社会的中坚力量,对于人文素质的培养更是必不可少。因此,学校应该加大人文素质培育课程的宣传力度,增强大学生对于这些课程的了解程度和喜爱程度。

为了达到这个目的,学校可以通过多种方式宣传人文素质培育课程。首先,可以建立专门的网站,向大学生详细介绍这些课程的内容、学习方法和培养的目的,让他们对于人文素质课程有一个全面的了解。其次,可以通过推送内容的方式,将有关人文素质培育的文章、视频等推送到学生们的手机上,让他们随时随地了解这些课程。此外,可以邀请学生分享他们在人文素质课程中的收获,让更多的学生了解到人文素质课程的重要性。还可以邀请教师介绍自己的授课经验和教学理念,让学生们更加深入地了解这些课程。

通过这些宣传方式,可以深化大学生对人文素质培育课程的认识,唤醒其自我主体意识,提高育人效果。大学生会更加主动地投入到人文素质课程中,认真学习,积极探索,不断提高自己的人文素质。这不仅有助于学生个人的成长,也有助于建设更加和谐、文明的社会。因此,学校应该积极推广人文素质培育课程,让更多的学生了解其重要性,并加大对这些课程的宣传力度,为学生的成长打下坚实的基础。

（3）加强人文素质培育课程建设

①适当增加人文素质培育课程的学时和人文素质培育必修课程。在现代社会,高等教育被认为是人才培养的重要途径,而高校的教学质量则是关系到人才培养的成败。因此,如何提高高校的教学质量成为一项重要的任务。在这个过程中,人文素质的培育尤为关键。

首先,要保证一定数量的课时,才能有一定的质量。这就要求高校要适度地增加大学生学习人文课程的基础时间,让他们有更多的机会接触人文课程,强化他们对人文素质培育的认识。这样可以更好地保障人文课程的教学效果,提高学生的学习成果。

其次,要提高人文素质培育课程的占比,并且形成系统有序的人文素质类课程体系。这意味着高校应该在课程设置上更加注重人文素质的培育,同时在课程内容和教学方法上更加注重人文素质的培育,使人文课程成为培养学生综合素质的重要途径。

最后,高校可以选取相关优质人文素质培育课程,将其纳入必修课程,优化选修与必修课程的安排,平衡大学生的课程设置,提高所占学分的比重,引起大学生的重视。这样可以促进学生对人文素质的认识和理解,增强他们的人文素质,为他们未来的成长和发展打下坚实的基础。

总之,高校应该重视人文素质的培育,不仅要注重课程设置和教学方法,还要加强必修课程的设置和学分比重的调整,以提高学生对人文素质的认识和理解,促进他们的全面发展。

②在课程内容上追求相互渗透。在当前高等教育大力推行"素质教育"的背景下,针对大学生的专业特点与学校的办学特色,探讨如何加强学科交叉融合、拓宽交叉融合内容,以及如何在人文素质培育中实现各学科之间的辐集聚焦,最终达到共赢发展的目标。

首先,我们需要考虑大学生的专业特点与学校的办学特色。大学生处于专业学习的阶段,拥有比较明确的学科倾向和兴趣爱好。而学校的办学特色则是指学校在教学、科研、社会服务等方面的独特特点和优势。在这个基础上,我们可以建立学科领域中更加密切的关系,实现"和而不同"、彼此促进的双赢效果。具体来说,可以通过开设跨学科课程、搭建跨学科研究平台等方式来促进不同学科之间的交流与合作。

其次,加强学科的交叉融合,拓宽交叉融合内容也是十分必要的。交叉融合是指不同学科之间的相互渗透和融合,从而形成新的学科领域。通过交叉融合,可以增强学科之间的互补性和协同性,打破学科壁垒,推动学科创新。在加强交叉融合的同时,还需要搭建交叉融合的课程内容,拓宽人文素质培育中学科交叉渠道。比如,可以开设"科技与人文""医学伦理"等课程,让学生在专业学习的同时接触到其他学科的知识和思想。

最后,打破不同学科之间的界限,使各学科与人文社科之间形成辐射聚焦也是十分重要的。在学科交叉融合的基础上,不同学科之间的辐射效应可以最大化地发挥。具体来说,可以以人文素质培育的视域来重新考察科学技术和专业课程,引领学生达到对专业课程、科学技术与实践更高层次的人文理解与认识。

通过以上措施的实施,可以很大程度上实现共赢发展。学生可以在跨学科的学习和研究中获得更广泛的知识和技能,提高综合素质和创新能力;学校可以在学科交叉融合的基础上推进学科发展,提高学校的学科声誉和竞争力。总之,加强学科交叉融合,拓宽交叉融合内容,以及在人文素质培育中实现各学科之间的辐集聚焦,可以推动高校教育的发展,促进学生的全面发展,实现共赢发展的目标。

综上所述,专业课程中的人文素质培育是大学教育中不可或缺的一部分。教师们应充分利用课程设计和教学方法,结合专业特征,精准地引导学生在专业领域中培养各种素质,以此促进大学生综合素质的提高。

（4）注重开设人文素质培育实践课程

要想培养出具有良好人文素质的大学生,需要付诸实践的帮助。

第一,人文知识是知,人文精神是行。只有知行合一才能形成人文素质。大学生在学习人文课程的同时,需要更多地关注实践,将所学的知识应用到实际生活中。例如,学生可以参与到帮扶活动和支教等公益活动中,通过亲身经历去感受生活的不易,从而更好地理解人文精神的真谛。

第二,学校可以通过帮扶活动和支教等公益活动培养大学生的奉献意识和乐于助人的精神。这些活动不仅可以帮助学生了解社会的需求和困难,还可以增强学生的社会责任感和使命感。在这些实践活动中,学生们可以学习如何与人沟通、如何处理复杂的情况,从而培养出更好的人际交往能力。

第三,加强校企合作中的实践学习,让学生在真实的工作情境下实现知识的内化和能力的锻炼。企业与学校要在企业文化和人文素质的培养上寻找共同点,强化爱国利民、爱岗敬业、守法诚信的企业文化构建。通过校企合作,学生们可以深入了解企业的运作模式,学习企业文化,并且在实践中逐渐形成自己的职业素质。

第四,学校可以聘请高级管理人才到校园开展企业文化建设专题讲座,提升人文素质培育的水平和质量。通过这些讲座,学生可以了解当今社会的企业文化发展趋势,并学习如何在实践中将人文素质应用到职业生涯中去。

第五,通过"实践—理论—实践—理论"的螺旋上升的认识深化过程,提升大学生的实践能力,升华其思想与精神境界。在实践中不断反思与总结,可以让学生不断地提高自己的实践能力,不断地提升自己的人文素质。

总之,要想培育出具有良好人文素质的大学生,需要学校、企业和学生共同努力。通过实践、学习和反思,学生们可以逐渐成长为具有人文素质的优秀人才。

3.构建更富人文氛围的校园文化

人是环境的产物,人处在什么样的环境中,就会受到什么样的熏陶和涵养,校园育人环境无形中影响着学生的精神世界,因此,学校要重视校园育人环境的建设,将人文素质培育贯穿于整个校园中。高校应积极利用校园环境营造人文效应,开展形式多样的校园文化活动,促进学生人文素质的提升。

（1）利用校园环境营造人文效应

在校园建设中,精神文化是至关重要的一环。精神文化通常被称为软文化,主要体现在校风、学风和大学精神中。这些特质是每所学校独有的,是学校文化的核心所在。通过校园活动,学校可以向学生灌输这些价值观念,让他们对学校文化有更深刻的理解。

然而,除了精神文化外,物质文化也是校园中不可或缺的一部分。物质文化通常被称为硬文化,包括教学楼、食堂、实验楼等建筑,以及标语、路牌、警示模块、评比栏模块、名人名言、灯箱语录牌和匾牌等隐性素材。这些硬文化元素虽然看似不起眼,但在校园文化中扮演着重要的角色。这些元素呈现出来的校园氛围和形象,会影响到学生和教职员工的情感和态度。

除了硬文化,网络、广播、橱窗、绿化带和背景音乐等也可以作为人文文化的载体。这些元素的主要作用在于为校园营造出更加和谐、自然、舒适的环境。校园网络可以为学生提供更加便捷和快速的通信工具,广播可以播放校园新闻和音乐,橱窗可以展示学生作品和成果,绿化带背景音乐则可以让学生在校园内感受到更多的自然气息。

在建设校园物质文化时,要注重细节,让每一个地方都充满故事。比如,在校园的走廊里,可以挂上学生们的成果,或是展示学校的历史和文化,让学生在走廊上感受到学校文化的独特魅力。在教学楼中,可以设置专门的休息区,让学生在休息的同时可以欣赏校园文化的展示。

这些细节可以让学生更加深入地了解学校文化,并为学生的学习和生活带来更多的乐趣。

(2)开展形式多样的校园文化活动

①基于专业特色开展社团活动。在高校校园中,社团是学生展示自我、开展兴趣爱好、提升综合素质的重要平台。高校社团不仅为学生提供了丰富多彩的业余生活,而且也为他们提供了个性发展机会。

为了更好地满足学生的需求,高校鼓励学生创立个性化社团,培养学生的人文情怀和兴趣爱好。这些社团不仅服务于个人的成长,而且也为学校树立了丰富多彩、多元化的形象。

高校重视学生和社团的双赢发展,加强合作与交流。学生在社团中不仅能够施展自己的才华和兴趣,还可以通过社团与其他学生进行交流、合作,拓宽自己的视野。

高校社团还发挥人文素质培育的感召力和凝聚力,开展形式多样的文化活动。这些活动不仅丰富了学生的业余生活,而且也让他们在文化交流中学习到更多的知识和技能。

为了不断提升社团层次,高校积极成立公益型社团和人文科技型社团,培养学生的服务意识和奉献精神。通过这些社团的建立和发展,学生不仅能够更好地服务社会,而且也能够在服务中提升自己的综合素质。

②组织形式多样的体育和艺术活动。大学生身心健康和文化修养是大学教育的重要目标,而体育和艺术活动则是实现这一目标的重要途径。学校应该积极组织各种形式的体育活动,包括运动会、篮球比赛、足球比赛等,以鼓励学生积极参与,提高身心素质和团队协作能力。

除了体育活动,学校还应该组织适用于节日的文化活动。这些活动可以丰富学生的文化生活,增强他们对传统文化的认知和理解。例如,在春节期间,学校可以组织春节晚会,邀请学生表演节目,展示自己的才华和创意。这样的活动不仅可以提高学生的文化素质,也可以增强学生的自信心和表达能力。

艺术教育在高校人文教育中具有不可替代的作用,学校应该拓宽平台以探索新内容和方式。艺术教育涵盖了音乐、舞蹈、戏剧、美术等多种形式,可以开发学生的想象力和创造力,增强学生的审美能力和文化修养。因此,学校应该积极开展各种艺术活动,如音乐会、话剧展演、美术展等,以激发学生的艺术潜能,培养他们的审美意识和文化品位。

组织各种形式的体育和艺术活动可以培养学生的形象思维和直觉思维，促进创新意识的萌发。体育和艺术活动都需要学生具备创新精神和创造力，因此，可以通过这些活动来培养学生的创新意识和创造力，让他们学会从不同角度思考问题，提高解决问题的能力。

体育和艺术活动可以让学生深刻认识艺术领域中的民族文化成就，培养优秀人才。通过参与各种文化活动，学生可以了解和体验不同地区和不同民族的文化，增强文化自信和民族自豪感。同时，学校也可以通过这些活动来发掘和培养艺术人才，为社会培养更多的文化精英和艺术人才。

③开展内容丰富的学术活动。在高校中，讲座是一种常见的教育形式，它不仅是学生拓宽学术视野和提升文化修养的重要途径，也是学术交流和人文关怀的重要平台。

学生能够通过参与讲座感受到大家风范。在讲座中，学生可以听到各种各样的声音和观点，从而拓展自己的思维和理解。讲座不仅是一种传递知识的方式，更是一种启迪灵魂的方式。学生可以通过讲座感受到大家的风范和能量，从而激发自己的求知欲和热情。

开展讲座需要拥有高尚的科学修养和深厚的人文修养的学者。只有这样的学者才能够为学生提供高质量的学术和文化营养。高校可以积极聘请相关领域的专家、学者举办不同主题的讲座，从而为学生提供多样性的学术和文化体验。这些讲座不仅可以帮助学生拓宽学术研究视野，还可以提升学生的文化修养和人文素质。除了讲座，高校还可以定期开展学术交流会、座谈会、研究成果展示会、学术文化节等活动，促进学术研究中的人文关怀与人文思考。这些活动不仅可以帮助学生了解最新的学术研究成果，还可以促进学生的人文思考和关怀。这些活动可以为学生提供一个文化交流平台，让学生在学术和文化的交流中成长和进步。

第四节　大学生信息与网络素质

一、大学生信息素质培育

（一）大学生信息素质培育的内容

1. 信息意识培育

伴随着信息技术的快速发展，信息意识的重要性也越来越被人们重视。信息意识是指积极占有和解析信息的意识，是信息素质的灵魂。具有信息意识的人，通常表现出高度敏感性和积极主动性，能够及时捕捉和解析信息。对于大学生而言，信息意识的培养非常重要。因此，信息意识教育的关键是教育大学生对待信息的态度和观念，要求具有强烈的信息需求和注意力。在大学校园中，高校应该引导学生关注本专业学科和交叉学科，培养学生发现最新动态和敏锐性的信息能力。

2. 信息知识培育

信息知识是信息能力与信息素质形成与发展的基础，对于增强大学生的信息能力和信息素质具有基础性作用。信息知识是指涉及信息理论、信息技术、信息系统等方面的基本知识。

信息理论知识教育是指教育学生掌握信息传输、处理和存储的基本原理和方法，了解信息的概念和特性，以及信息的传播和管理。这方面的教育可以让学生深入了解信息的本质和特点，从而更好地掌握信息的应用。

信息技术知识教育是指教育学生掌握各种现代信息工具的原理、使用方法和技术特点。这方面的教育不仅可以让学生学会使用各种信息技术工具，并在实践中不断提升自己的信息技术应用能力，还可以让学生了解不同信息技术的优势和发展趋势,从而更好地应对信息化时代的挑战。

信息系统知识教育是指教育学生了解信息系统的概念、特点、组成和管理,以及信息系统在各个领域中的应用。这方面的教育可以让学生了解信息系统的应用范围和管理,从而更好地掌握信息系统的应用。

信息科学知识教育是指教育学生了解信息科学的基本概念、原理和方法,掌握信息科学在信息处理、信息传输和信息存储方面的应用。这方面的教育可以让学生深入了解信息科学的本质和特点,从而更好地掌握信息科学的应用。

3. 信息道德培育

随着信息技术的飞速发展,信息传播已经成为我们生活中不可或缺的一部分。然而,信息的传播和使用也带来了种种问题,如信息泄露、侵权、虚假宣传等。为了解决这些问题,确保信息的有效传播和使用,信息道德概念应运而生。

信息道德是一种综合性的道德规范,旨在调节、制约信息生产者、传播者和使用者之间的行为。它包括了信息法律法规确定的责任与义务,也涉及了更广泛的道德准则。因此,信息道德教育也是十分必要的。

特别是对于大学生这一群体,信息道德教育的重要性更为突出。他们在学习和生活中需要大量的信息,同时也需要传播和使用信息。因此,引导大学生严格遵守各项信息法律法规,自觉遵守健康积极向上的信息伦理和道德准则,规范自身的行为活动,自觉抵制有害信息,都是非常重要的。

良好的信息道德素质不仅能够保证个人的行为合乎道德规范,还可以推进信息化社会健康有序运行,成为一种重要的保障。因此,大学生应该注重信息道德教育,在实际生活中更好地遵守信息道德准则,为自己、为社会创造更多的价值。

（二）大学生信息素质培育的途径

1.加强高校信息素质的基础建设

（1）加大信息基础设施的投入

高校信息化建设需加大基础设施投入，构建多媒体校园，完善信息共享机制，推动教育资源整合和共享机制建立，整合高校师生的科研成果，打造高校信息化、科学化的教学创新模式，建设高校信息基础设施。多媒体设施的购买和网络的普及化是建设多媒体校园的重要步骤，这可以提高大学生信息素质的能力，并让学生更加便利地获取信息。

完善高校的信息共享机制，建设知识、信息共享平台，为学生提供便利条件，改善学生的信息素质。教育资源整合和共享机制的建立，推动教学向信息化迈进，打造精品课堂，让学生学会资源信息化的应用，这将使学生更加深入地了解教育资源的应用。

整合高校师生的科研成果，结合科研成果与学术教育，丰富高校的教育资源，建立高校信息化、科学化的教学创新模式，打造高校信息基础设施建设，这将为高校的教育和科研工作提供更多的支持和帮助。

总体来说，高校信息化建设需要不断加强基础设施的投入，构建多媒体校园，完善信息共享机制，推动教育资源整合和共享机制建立，整合高校师生的科研成果，打造高校信息化、科学化的教学创新模式，建设高校信息基础设施，从而让高校更好地发挥教育和科研的作用。

（2）加强图书馆信息化建设

图书馆是学校最为神圣的地方，是人类文化遗产和信息资源的集结地，也是高校科研成果的藏书阁，有着无可替代的地位。它承载着人类文明的历史，也是人们获取知识的重要场所。

图书馆的信息化建设对高校信息素质教育具有深刻的意义。为了适应信息化时代的需求，图书馆需要加大信息化建设力度，提高图书馆的服务水平。具体可以从传统图书馆和数字图书馆两方面着手。

第一，在传统图书馆基础设施的建设方面，需要加强系统的规划设计，提高馆舍的建筑质量和环境舒适度，增加馆藏量及藏书种类，提高图书馆的开放时间和服务水平。同时，应该引进先进的管理系统和设备，提高图书馆的自动化程度，提高工作效率和服务质量。

第二，大力建立与发展数字化图书馆，建设高性能的图书馆的同时加强图书馆的网络及服务系统,数字化图书馆可以将传统的纸质资料数字化,提高资源的存储和检索效率,满足读者的个性化需求。数字化图书馆的建设要注重资源的多样性和实用性,同时加强数字资源的保护和安全性,确保数字信息的可靠性和可持续性。

图书馆是学校的精神家园。加强图书馆信息化建设,既是保护人类文化遗产,也是提高高校信息素质教育的重要举措。未来,我们应该建设更加现代化、智能化的图书馆,让图书馆成为学生学习和科学研究的重要场所。

2. 进行信息素质课程改革

信息素质课程需要改革的不仅仅是文献检索与文献计量的课程,同时还包括将高校的信息素质课程与其他学科相结合进行教学。

（1）改革文献检索课

在当今信息时代,信息素质不仅在职场中具有重要作用,而且在社会生活中也扮演着重要角色。然而,在信息素质教育方面,我国高校与国外高校相比还有所不足。国外高校已经开始设立信息素质相关专业课程,而我国高校的信息素质教育主要以文献检索课程为主。文献检索课程虽然也是信息素质的一部分,但其仅仅是信息素质的冰山一角。

目前,我国高校的文献检索课程也存在很多问题。首先,课程设置不合理,内容单一,无法满足学生实际需求;其次,教育过于简单,缺乏深度和广度,无法真正提高学生的信息素质。因此,高校应该改革信息素质教育,向信息素质培养迈进。高校可以设置更加全面、深入的信息素质课程,包括信息安全、信息管理等方面的内容。同时,教育也需要从理论教学向实践教学转变,强化实践操作环节,让学生真正掌握信息素质技能。

（2）信息素质与其他学科相结合

高校教育应该将信息素质与其他学科相结合运用到实际生活中,通过实践教育来培养学生的信息素质。

要实现这一目标,需要将信息素质与其他学科相结合的方案加入高校教育、教学管理条例当中,并融入实践教学等环节之中。具体来说,可以在课程设置中增加信息素质相关内容,如信息技术基础、信息检索与利用、信息安全与法律等;在教学过程中,可以通过案例教学、实验教学等方式,让学生更好地理解和应用信息素质相关知识。

另外,教师在授课过程中也要引导学生的信息意识,向学生讲授专业课的同时讲解国内外权威著作、重要期刊、数据库等信息源,并提升学生运用信息知识的能力。教师可以通过示范、引导、辅导等方式,激发学生的学习兴趣和动力,让他们逐步掌握信息素质相关知识和技能。

3. 发挥大学生自身在信息素质培养中的能动作用

（1）增强大学生自我约束能力

在当今社会,大学生作为未来的中坚力量,其自我约束能力和反叛情绪的控制显得尤为重要。自我约束力是坚强意志的体现,一个人的自我约束能力越强,就越能够在面对各种诱惑和困难时保持清醒、坚定且有力地行动。

为了提高自我约束能力,大学生应该向榜样人物学习,树立榜样风范。榜样是一个人成长道路上不可或缺的力量,他们的言行举止和精神风貌都能对大学生产生积极的影响。通过向榜样学习,大学生可以更好地塑造自己的人格,提高自己的道德水平和社会责任感。

除了向榜样学习外,大学生还应该积极参加社团和公益活动,磨炼自身意志和品质。社团和公益活动是大学生丰富校园生活、提高综合素质的重要途径。在这些活动中,大学生可以锻炼自己的组织能力、沟通能力和团队协作能力,同时也能够提高自己的社会责任感和公益意识。

另外,大学生还需要提高面对不良信息的抵制能力。在当今信息时代,大学生面临各种各样的信息诱惑和挑战。如果没有足够的抵制能力,他们很容易被不良信息影响,从而产生消极的情绪和行为。因此,大学生需要学会判断信息的真伪和价值,树立正确的世界观、人生观、价值观,避免被不良信息所误导。

（2）增强大学生学习自主性

在信息时代,大学生的信息能力已经成为就业和未来发展的必要条件。大学生需要更加注重自身信息能力的学习自主性。自主学习能够培养独立探索、独立研究的能力,提高信息把握和问题解决能力,这对于大学生的未来发展至关重要。

但是,仅仅掌握一些理论知识是远远不够的。大学生需要在实际生活中实践和运用所学的信息能力,这样才能更好地将所学知识转化为实际应用能力。在实践中发现问题、解决问题,才能真正提高信息能力的应用水平。

同时,信息已经融入我们的生活,大学生需要具备信息综合能力,提取对自身有用的有效信息。信息的海量和碎片化使得获取有效信息变得非常困难,因此,大学生需要具备较强的信息综合能力,能够快速有效地从海量信息中提取出对自己有用的信息,并将其整合成自己的知识体系。

4.提高教师信息素质,发挥学校作用

高校教师的信息素质水平对学生信息素质的培养至关重要。只有具备高水平的信息素质,才能更好地指导学生进行信息素质的培养。

培训高校教师的信息素质,让其与最新信息素质教育体系同步。高校教师应该不断提高自身的信息素质水平,这需要高校教师参加相关的培训和学习。高校应该制订相关信息素质培训计划,为教师提供最新的信息素质教育体系,并尽可能将其与学生的信息素质培养相结合。

转变高校教师的教育观念,从根本上对学生进行信息素质的培养。高校教师应该从教育观念上转变,将信息素质作为教育的重要内容之一,并将其融入课程教学中。教师应该注重培养学生的信息获取、评价、组织、利用和传递能力,帮助学生提高信息素质。

加强高校教师的信息安全与信息道德,教师需以身作则,遵守信息道德规范。高校教师应该具备一定的信息安全和信息道德意识,指导学生学会正确使用信息技术和网络资源,从而为学生树立良好的信息道德榜样。

高校应实行信息伦理道德方面的管理体系,在高校信息技术的应用上严格把关。高校应该建立完善的信息伦理道德管理体系,加强对高校信息技术应用上的管理和监督。同时,高校应该建立信息安全保障机制,保障高校信息资源的安全,为师生的信息素质培养提供保障。

二、大学生网络素质培育

(一)大学生网络素质培育的内容

1.大学生网络认知与操作素质

随着信息技术的不断发展,网络已经成为现代社会不可或缺的一部

分。大学生在进行网络实践活动时,需要具备一定的网络综合素质,这是他们必须具备的基本能力。网络认知与操作素质是提升网络综合素质的基本前提。

网络信息技术是网络社会虚拟实践活动的物质基础。它为人类活动提供了很多便利,也创造了很多机会。但网络信息技术同时也需要受到规范和束缚,否则就会出现一些负面的影响。因此,大学生在进行网络实践活动时,需要注意自己的行为规范,不能违反法律法规和社会道德。

在网络社会中进行虚拟实践活动需要掌握一定的网络认知与操作素质。只有具备这些基本能力,才能更好地利用网络资源,从中获取有用的信息和知识,并将其应用到实践中去。因此,大学生要注重提升自己的网络综合素质,学习和掌握网络信息技术,做到用网络技术服务于自己的学习和人生发展。

2. 大学生网络自我约束素质

随着互联网的飞速发展,大学生逐渐成了互联网的主力军。他们的思维和思想处于发展阶段,需要逐渐成熟。互联网为他们提供了探索和发现的空间,但也容易引发不良行为,给大学生带来不良影响。

大学生网络自我约束素质要求在使用网络时,将网络作为工具,并在学习、生活之余适度利用网络娱乐生活。大学生应该明确自己上网的目的,避免沉迷于网络游戏等消耗精力、容易上瘾的活动。同时,大学生也应该掌握好上网的时间,避免在网络上浪费太多时间,影响到自己的学业和正常生活。

在互联网时代,大学生面临的网络风险也越来越多。一些不法分子利用网络进行诈骗行为,给大学生带来了很大的危害。因此,大学生也要学会保护自己的个人信息,不随意泄露自己的隐私,以免受到不必要的伤害。只有这样,才能充分发挥互联网的优势,让互联网真正成为大学生学习、生活的助手。

3. 大学生网络信息甄别素质

随着互联网技术和网络媒体的迅猛发展,我们的生活已经离不开网络。而在网络上,不论是学习、工作还是娱乐,我们都离不开浏览和使用各种信息。然而,在海量的网络信息中,我们也经常会遇到虚假、误导、恶意等各种不良信息。因此,大学生网络信息甄别素质显得尤为重要。

网络信息甄别素质指的是对网络信息的筛选、判断和鉴别能力,也就是在海量的网络信息中,辨别出真假、好坏、有用与否的能力。它不仅对大学生的个人成长和发展有着积极的影响,更关系到社会的发展和进步。

在网络信息中,存在着多样的价值判断,大学生应具备正确的心态和能力,积极探究事实,不被主观观点左右。他们需要以客观公正的态度看待信息,保持开放的心态,不断丰富自己的认知和见识,不断提高自己的甄别能力。

大学生网络信息甄别素质的要求,首先,要利用思考方式和判断力做出正确甄别。其次,要有立足事实的心态,不能被情绪左右,要在理性的基础上做出正确的判断。此外,对信息做出理性的解读也是非常重要的,大学生应该学会把握信息的关键点,理性分析信息来源和可信度。最后,自觉抵制不良信息、垃圾信息,不轻信谣言和夸大的宣传。

4. 大学生网络安全素质

大学生群体作为互联网的主要使用者之一,其网络安全素质的重要性也日益凸显。网络安全素质主要包括敏感程度、积累量、风险识别和自身安全保护能力等方面。

第一,大学生需要具备信息敏感度,及时发现和识别网络安全问题。随着互联网的不断普及,各种网络安全风险也随之而来。大学生需要具备对网络安全的敏感性,及时发现和识别问题,并采取有效措施予以解决。

第二,大学生需要具备积累量,不断学习和掌握网络安全知识。网络安全知识是大学生在网络社会中必须具备的基本素质之一。大学生需要不断学习和掌握相关知识,增强自身的安全防范意识和技能。

第三,大学生需要具备风险识别和规避能力。在网络社会中,各种网络安全风险无处不在。大学生需要具备识别和规避风险的能力,远离侵害隐私、财产的网络活动,保护自身的网络安全。

第四,互联网带来了诸多便利和红利,但同时也伴随着一定的消极影响。大学生需要自觉远离不良影响,保持良好的网络行为和心态。在网络社会中,大学生需要始终保持警觉,不断提升自身的网络安全素质,做好应对各种网络安全问题的准备。

5.大学生网络法律素质

大学生网络法律素质指的是掌握网络相关法律和解决网络问题的能力。网络的普及和应用为我们提供了极大便利的同时,也伴随着各种网络问题的增多,如网络侵权、网络诈骗等,这些问题给人们的生活和工作带来了很大的困扰。因此,大学生具备网络法律素质就显得尤为重要。

全面依法治国需要大学生树立法治信仰和法治意识。大学生是中国梦的主力军,他们的行为对社会的影响非常大。大学生的网络法律素质体现在依法开展实践活动、遵守法律规范;提高网络法律意识水平,锻炼运用法律途径解决问题的能力,提升网络法治社会建设的参与度,主动弘扬法治观念,维护网络环境安全,用守法行为带动身边网民群体,共同建设健康法治的网络社会。只有大家共同努力,才能让网络空间更加健康、和谐、安全。

6.大学生网络道德素质

网络道德素质是大学生网络素质的核心内容。它包括了一系列的道德要求,如遵守法律法规、尊重他人权利、保护个人隐私、反对网络暴力等。这些要求不仅是对大学生的行为规范,更是对其道德水平的考验。

要提升网络道德素质,大学生需要自觉进行思想和行为上的自律。在网络空间中,个人的行为不仅会影响到自身,更会对他人造成影响。因此,大学生应该时刻牢记自己的社会责任,以良好的道德品质去面对网络世界。

网络道德是以善恶为标准的,评价人的网络行为,调节网络时空中人与人之间以及个人与社会之间的行为规范。大学生的行为举止应该符合社会道德标准,以此来保持网络空间的和谐,这样才能够使得自己更好地适应未来的社会环境。

综上所述,提升大学生综合素质需要内部努力和外部影响相结合。大学生需要以积极地心态去面对网络世界,将良好的道德品质融入网络行为中。同时,社会也需要加强对大学生网络道德素质的引导和培养,以此来促进未来社会的健康发展。

7. 大学生良性网络生态建设素质

网络环境中的一些不良现象,如网络暴力、谣言传播等,对人们的身心健康和社会稳定都造成了严重的影响。为了构建一个良好的网络生态环境,大学生需要具备良性的网络生态建设素质。

第一,大学生需要明确良性网络生态建设素质的定义。良性网络生态建设素质包括网络法律和道德素质、信息素质、网络安全素质和网络文化素质等方面,这些素质是大学生在网络环境中所应具备的基本素质。

第二,大学生应该认识到自己在良性网络生态建设中的时代使命和积极作用。大学生既是网络环境的参与者,也是网络环境的创造者和监管者。他们应该充分利用自身的优势,积极参与能够传播正能量的网络实践活动,不断提升自己的网络素质和意识,为构建良好的网络生态环境贡献自己的力量。

第三,大学生需要具备网络法律和道德素质,不仅要律己还要律他。他们应该遵守网络法律法规,不传播虚假信息和不当言论。同时,他们应该积极扮演监管者的角色,及时制止网络暴力和不良信息的传播。

第四,大学生应该成为正向文化的传播者和良性网络生态的监管者。他们应该宣传正能量的信息,推广健康的网络文化,同时也应该积极监督网络环境,对于违法违规的行为进行举报和制止。

第五,大学生应该充分发挥自身在资源共享上的优势,选择参与能够传播正能量的、有社会意义的网络实践活动。他们可以通过社交媒体、博客、微信公众号等渠道,分享自己的经验和知识,推广正能量的价值观。

第六,大学生要发挥净化网络生态环境的作用。他们可以加强网络安全意识,避免个人信息泄露和网络攻击。同时,他们也可以积极参与网络环保、网络志愿服务等活动,为保护网络环境做出自己的贡献。

(二)大学生网络素质培育的途径

1. 构建网络素质教育体系

(1)丰富网络素质教育内容

为了能够更好地适应社会的发展,高校应该将网络知识、网络道德、网络技能与专业知识、社会道德、专业技能进行衔接过渡,全面加强大学生网络素质能力的培养。

首先,大学生的网络素质包括网络道德素质和网络心理素质,这受到马克思主义哲学原理和思想政治教育等学科内容的直接影响。因此,高校应该注重学生的思想教育,培养学生正确的网络价值观念和行为准则。同时,大学生网络知识素质和网络技术素质需要丰富的计算机专业知识和传播学知识,高校应该加强这方面的教育,为学生提供全面的网络知识和技术支持。

其次,大学生的网络素质中包含网络安全素质,这涉及许多网络行为规范和相关法律法规常识。在这方面,高校应该注重培养学生的安全意识,增强学生的网络安全意识和应对网络安全事件的能力。同时,高校应该建立完善的网络安全管理机制,为学生提供安全可靠的网络环境。

最后,高校应该成体系地丰富网络素质教育课程,根据各专业具体情况,由理论教育逐步过渡到理论与实践相结合教育。通过多种形式的教学方式,如课堂讲解、实践操作、案例分析等,全面加强大学生网络素质能力的培养,提高大学生的网络素质水平。

综上所述,高校应该注重大学生的网络素质教育,将网络知识、网络道德、网络技能与专业知识、社会道德、专业技能进行衔接过渡,全面加强大学生网络素质能力的培养,使其更好地适应当今信息时代的发展。

(2)创新网络素质教育方式

第一,为了帮助大学生更好地认识网络不良行为和负面网络信息对其自身和整个网络生态的危害,高校可以结合优秀的网络平台作为教学辅助。例如,可以利用"辟谣平台"这一官方媒体,讲述分析实际网络事件,让大学生更清晰、更理性、更全面地认识到网络不良行为和负面网络信息的危害。通过这种方式,可以让大学生更加了解网络生态,进而培养他们的网络素质。

第二,教师也可以选定时下网络热点话题作为课后思考作业布置给学生。通过这种方式,鼓励大学生探索网络热点事件背后的深意,通过撰写书面报告或者课件展示的方式,详细阐述自己的观点。同时,组织观点不同的学生展开辩论,鼓励双方发现自己观点的不足,启迪学生理性、辩证看待网络事件和相关舆论,同时培养大学生对网络信息进行理性看待和客观评价的能力。这种方式可以提升大学生的参与兴趣,也能体现出大学生网络素质教育关注时代发展、深入人心、发人深思的效果。

第三，为了增强学生的网络素质意识和能力，许多高校组织了网络素质研究团体，以网络事件为切入点，打造网络素质研究小组，并在校内外开展网络素质主题论坛、热点课题研究，加强教师和学生对网络素质研究的重视。这些研究团体积极探索网络素质的理论和实践，产出了新颖有价值的网络素质观点，并带动了校园内网络素质水平的提升。同时，这些团体还运用高校资源优势和影响力优势，将成果应用到网络社区文化建设、网络主题教育和网络舆情的正向引导等网络环境建设工作中去，为推进网络素质教育做出了积极贡献。在大学生网络素质研究团体的带领下，越来越多的学生开始重视自己的网络素质，积极学习相关知识和技能，努力提高自己的网络素质水平。这不仅有助于他们更好地利用网络资源，提高学习和生活效率，还有助于防范网络安全问题的发生，维护自己的合法权益。

第四，高校可以组织开展面向全体师生的网络素质教育活动。这种活动可以是线上的，也可以是线下的。线上的活动可以通过搭建网络平台来进行，如网络课程、网络讲座等形式。线下的活动则可以在校园内举行，如网络安全知识竞赛、网络安全体验活动等形式。这样的活动可以让师生们更加深入地了解网络素质的重要性，同时也可以让他们更好地掌握相关技能。高校可以邀请专家学者在图书馆、会议中心等场馆开展网络素质教育专题讲座。这些专题讲座可以涵盖网络安全、网络法律法规、网络道德等多个方面，让师生们更加全面地了解网络素质的重要性和相关知识。这种形式的网络素质教育可以让师生们更加深入地了解网络素质的实际应用，同时也可以让他们更加深入地了解网络素质的内涵和外延。高校可以创造机会提高大学生的网络道德素质，做到自我教育，约束自身网络行为。在日常生活中，大学生们应该自觉遵守网络道德规范，不得传播虚假信息、侵犯他人隐私等行为。这样的自我教育可以让大学生们更好地掌握网络素质的核心要义，让他们更加深入地了解网络素质的重要性和实际应用。这样的活动可以让师生们更加深入地了解网络法律法规的要求，提高他们的法律素质和法律意识，避免违法犯罪行为的发生。

（3）完善网络素质教学机制

首先，高校可以举办有关网络法律法规的知识讲座，在全校范围内无死角地开展网络普法活动。这样的活动可以让师生们更加深入地了解网络法律法规的要求,提高他们的法律素质和法律意识,避免违法犯罪行为的发生。

其次,大学生通过学习能够做到精准识别网络违法犯罪的真面目,提升网络安全素质水平。在日常生活中,大学生们应该加强对网络安全的认识,提高自身的网络安全素质。通过学习,他们可以更加准确地识别网络违法犯罪的真面目,更好地保护自己的网络安全。

2. 营造风清气正的网络环境

(1)加大对网络环境的正向引导力度

第一,网络监管部门应深化体制机制改革,为网络发展指引方向。随着网络技术的不断革新,网络监管部门需要加快技术革新,发挥各自的资源和技术优势,补齐监管短板。因此,网络监管部门需要对网络平台的内容进行审核和管理,确保网络环境的整体健康。

第二,为了创新网络发展建设,需要多主体协力合作。网络发展需要各方的积极参与,这包括政府、企业、学者和社会组织等。多主体协力合作,可以为网络发展带来更多的资源和技术支持,同时也可以推动网络技术的创新和应用。同时,网络监管部门需要加强对网络平台发布内容的审核力度和管理力度,明确相关细则,确保网络环境整体健康。网络平台发布的内容也需要宣传人民喜闻乐见、有新意、有温度的内容。网络平台作为信息传播的重要渠道,需要宣传正能量价值观。因此,需要壮大主旋律宣传队伍,发挥主旋律传播力量优势,弘扬正能量价值观。

第三,网络空间的发展也伴随着一系列问题,如网络谣言、网络暴力等,给社会带来了巨大的负面影响。因此,建立规范表率,强化案例指导性,营造清朗网络空间成为当前亟待解决的问题。

为了提高人们的网络素质,我们可以利用网络媒体的优势,对大学生进行网络素质宣传教育,普及相关内容。通过丰富多彩的网络素质活动和课程,让学生了解如何正确使用互联网,如何辨别真伪信息,如何避免网络陷阱等。这样不仅可以提高学生的网络素质,也有利于营造良好的网络环境。

同时,官方发声媒体对网络舆论事件发布详细分析,鼓励网民进行理性交流讨论,提高官方平台发声力度。这样可以使广大网民更好地理解网络舆论事件的来龙去脉,进而理性地表达自己的观点,避免不必要的误解和矛盾。这有利于建立和谐的网络社会,维护网络空间的清朗。

此外,将网络素质教育内容融入网络媒体扩大话语权的建设中,规范信息发布,扩大受众范围、覆盖面和内容,也是非常必要的。通过规范信息发布,可以避免虚假信息的传播,维护网络空间的良好形象。同时,将网络素质教育内容融入网络媒体的建设中,可以更好地扩大受众范围和覆盖面,使更多的人了解网络素质,提高整个社会的网络素质水平。

(2)加大网络问题专项治理力度

在当今互联网时代,网络社交行为和网络暴力现象已经成为人们关注的热点话题。面对这种情况,相关部门需要积极采取措施加以整治。

首先,不良网络社交行为和网络暴力现象已经给社会带来了严重的后果。例如,个人隐私泄露、网络诈骗、人身攻击等,这些都给受害者带来了极大的困扰,甚至导致"社会性死亡"。

其次,网络事件不仅仅是影响受害者,还会消耗公众的注意力,带来负面群体情绪,损害公信力,破坏网络整体环境,这些后果对于社会的发展和稳定都会产生不利影响。

针对这些问题,相关部门应该完善法律,明确职责,加大整治力度。同时,平台也应该强化信息处理能力,确立平台制度,加大对违规行为的惩罚力度。政府和平台应该通力合作,加强治理制度建设,营造清朗网络空间。

在整治这些问题的过程中,我们需要认识到,网络社交行为和网络暴力现象的产生是由社会的不良风气、道德水平低下等多种因素造成的,因此,我们需要从根源上着手,加强教育和引导,提升社会文明素质,营造和谐社会氛围。只有这样,我们才能真正解决网络社交行为和网络暴力现象带来的问题。

第五章

大学生创业理论分析

　　大学生创业是指大学生在校期间创办企业或从事个体经营的行为。大学生创业是一个具有挑战性的过程，需要充分准备和努力实践。只有不断提升自己的能力和素质，积极探索创业机会，才能在激烈的市场竞争中取得成功。

第一节　创业的内涵

一、创业的概念与特点

（一）创业的概念

创业是指创业者运用一定的方法、资源和技能，将创意、创新、创造力等转化为具有经济价值和社会效益的产品、服务或者事业的过程。创业过程中需要具备创新精神、创业意识、创造性思维和创造能力等方面的素质和能力。

（二）创业的特点

创业具有显著的特点，主要包括以下几个方面。

1. 创业具有目的性

创业具有目的性。个人创业的目的各不相同，有的是为了生存，有的是为了财富，有的是为了实现个人的价值，而有的人创业是为了追求自己的梦想。企业创业的目的一般都是为了获取利润，使企业能够持续发展下去。

2. 创业具有主动性

与就业不同，创业者一般都是主动地选择适合自己的行业和项目进行创业，具有很强的主动性和自主性。

3. 创业具有风险性

创业过程中存在各种风险，如市场风险、竞争风险、技术风险等，因此,创业具有一定的风险性。创业者在创业过程中需要具备一定的风险意识和风险管理能力,以降低创业风险。

4. 创业具有广阔性

创业的主体、类型、行业等没有限制,可以是个人、家庭、企业等各种主体,也可以是不同的行业和领域。创业的项目、行业、主体以及目标都有着不确定性,每一个人的创业理想不同,因此,创业具有广阔性。

5. 创业具有连续性

创业者在创业过程中可能会遭遇失败,但创业精神和创业意识是创业者最可贵的品质,因此,创业者要不断地尝试,不断地学习,从而实现自我超越和自我提升。创业活动本身就是一个持续的过程,需要不断地试验、学习、调整和优化,从而实现持续的发展。创业者需要具备强烈的创业精神和创业意识,保持对创业的热情和动力,不断地探索和尝试,从而实现创业的持续发展。

二、大学生创业

(一)大学生创业的影响因素

大学生创业的影响因素有很多,主要包括以下几个方面。

1. 个人因素

个人因素包括创业意愿、创业动机、个人素质、性格特点、学习经历和社会经验等。创业意愿是大学生创业的动力和源泉,创业动机是推动大学生创业的内在动力,个人素质、性格特点和学习经历等是影响大学生创业的重要因素,而学习经历和社会经验则是大学生创业的基础。

2. 社会环境因素

社会环境因素包括国家政策、经济环境、社会文化、市场需求等。国家政策是大学生创业的保障,经济环境则是大学生创业的基础,社会文化和市场需求是大学生创业的外部条件。

3. 学校环境因素

学校环境因素包括学校教育体制、创业教育、创业氛围等。学校教育体制能够影响大学生的学习方式和知识结构,学校创业氛围则能够激发大学生的创业热情和创新精神。

4. 家庭环境因素

家庭环境因素包括家庭经济状况、家庭文化、家庭教育观念等。家庭经济状况是大学生创业的物质基础,家庭文化和教育观念能够影响大学生的创业价值观和创业精神。

(二)大学生创业应处理好的几个关系

大学生创业过程中需要处理好多个关系,其中包括但不限于以下几个方面。

1. 创业与就业的关系

大学生创业并不是为了缓解就业压力,而是为了自主创业、自我实现和自我提升。因此,大学生创业应该以自己的职业规划和人生规划为基础,以提升自己的能力和素质为目标,而不是盲目跟风或为了逃避就业而创业。

2. 创业与投资的关系

大学生创业资金来源主要依靠自筹和家庭支持,投资是一个重要的资金来源渠道。但是,大学生对创业应该有清醒的认识,投资是有风险的,创业者还需要有足够的风险意识和风险管理能力,同时要注意选择合适的投资方式和渠道,避免投资风险。

3. 创业与社会责任的关系

大学生创业不仅仅是为了实现个人的经济利益,更是为了回报社会。因此,大学生创业应该注重社会责任,积极参与公益事业、回馈社会,为社会的发展和进步做出贡献。

（三）大学生创业的主要挑战

创业活动所面对的主要挑战有：

（1）风险承担。创业活动充满着不确定性与风险性，市场的变化是难以捉摸的，企业的回报是不确定的，甚至是一点保障都没有。如果失败，那么很有可能会赔得一干二净，甚至破产。

（2）责任和付出。在创业的过程中，企业家必须不断地学习，才能独立地处理新的问题；要与顾客及社会各方面保持良好的关系；需要花费更多的时间和更多的精力去经营维护。在创业面临危险与困难的时候，我们不能后退，要勇于面对，主动寻找解决的办法，创作者对于重大机会与宏伟目标的追逐，需要更多的责任感。

（3）财务问题。在创业过程中，没有固定的收入，也没有附加的收益，创业者要真正认识到自己的能力和财务状况，确保公司在一个良好的资产运营状态下，以获得生存与发展，否则资金链一旦断裂，所有的努力将会前功尽弃。

第二节　创业的准备与计划

一、创业的准备

我国的未来在于大学生，中华民族的精神永恒在于大学生旺盛的创造力和创新追求。随着就业压力的增大，大学生创业开始逐渐受到重视。当代大学生的就业观已经不同于以往，鼓励创业、保护创业、崇拜创业的大环境正在逐渐形成，大学生通过自主创业，可以将自己的兴趣与职业紧密联系在一起，最大限度发挥自己的才能。

（一）创业能力的准备

企业家素质和能力是企业家必须具备的一个全面的概念。创业能力是指在创业精神的引导下，在从事创业实践活动的过程中表现出来的获得创业知识、发展创业技能、增强创业意识的高水平综合能力。现代社会竞争日益激烈,企业家能否获得优势并在创业中取得成功,主要取决于他们所拥有或能够应用的各种能力。

1. 能力素质

能力也可以称为"胜任力"。哈佛大学的大卫·麦克兰德教授是最早对这一概念进行系统解释的学者。这是从能力和质量层面探讨个人与工作绩效之间关系的范围。在 David McLand 看来,个人所拥有的深层次属性,包括态度、动机、价值观、自我形象和特质,是对员工进行"优秀"和"平均"评价的重要特征,也是被称为"素质"的关键因素。[①] 这些因素决定了工作绩效能否持续,是员工产生高水平绩效的动力和源泉。它们还反映了员工通过不同方式所拥有的知识、个性、技能和内在的动力。

2. 常见的创业能力

能力总是与某些活动的完成联系在一起,如果没有具体的实践活动,就无法表达或发展人的能力。创业能力包括获取创业资源、整合和增强创业资源的能力,以及运营和管理、协调领导、识别和开发机会的能力。只有综合运用这些能力,创业才能成功。

（1）判断能力

一个人最重要的能力是判断力。如果对创业没有正确地判断,他们可能会失败。具体而言,企业家应从以下几个方面培养其分析和判断能力:首先,他们应该是有责任心的人,在日常生活中进行更多的市场研究,并根据研究做出决策;其次,要培养多加思考的习惯,分析可能的结果,并制定相应的措施;最后,向同龄人学习,集思广益。

（2）领导能力

"领导能力"的含义是"引导和领导的能力"。领导能力是领导体系中的一个基本的、战略性的范畴,是指领导者在一定条件下,通过个人素质的综合作用,为特定的个人或组织产生的个人凝聚力和魅力。它是把握组织使命、保持组织卓越成长和可持续发展的重要推动力。企业家可以通过他们的领导技能动员人们围绕他们的创业目标和使命而努力。

---

① 李军凯.大学生创业教程[M].北京:人民出版社,2017.

领导能力可分为以下几类：

①变革型领导。转变型领导具有适应性强、可塑性强、灵活性强的特点。它可以使团队和企业在快速变化和高度不确定的经济环境中更有效地生存和发展，包括榜样影响力、激励动机、智力刺激等。

②富有远见的领导。愿景领导力强调领导者自己在理解员工的同时，通过激励追随者来建立组织文化，在组织中扮演"组织设计师"的角色，并为组织建立共同工作的愿景。

③隐形领导力。无形领导力作为一种文化力量，构成了领导力的灵魂，决定了决策权和执行力。无形领导力作为一种影响力，也体现了领导力的魅力，是落实具体领导技能的有效渠道。

④执行力。提交结果不仅可以通过口头交流，还可以将想法转化为实际行动计划，并直接参与和领导计划的实施，从而将想法与结果联系起来。

（3）营销能力

营销能力是营销技能最直接的表现，是营销和销售行为的结果。对于创业者来说，有效地营销至关重要，因为创业公司往往负担不起广告费用，只能通过亲自拜访目标客户来获得订单。一旦创业，我该怎么办？我们下一步该怎么办？必须有一个清楚地认识。如果一种产品被制造出来，但没有人购买，公司就会夭折。无数公司迅速起步，但最终倒闭。其中一个根本原因是他们不知道如何推广自己的产品和品牌。因此，要"销售"公司，一是销售公司的产品，更重要的是，随着产品的销售来销售公司的品牌。换句话说，就是让公众认可公司的品牌，让大家知道产品是从这家公司售出去的。

（4）用人能力

在创办一家新企业时，组建一支强大的核心团队是很重要的。要充分利用和发展企业现有人才，实现"人人才能最大化"的目标，建设一支"学、教、培"相结合的学习型人才队伍。企业家在与下属打交道时应该具备两个素质：一是"德"，即奖励下属，学会分享财富，以凝聚人心，激励工作；另一种是"权力"，敢于惩罚下属的不当行为。只有将二者有机地结合起来，才能做到"宽严并济、德权并济""奖罚分明"，才能进行有效的管理。只有"奖励"才能激发员工的动力，激发他们的专业精神，并塑造员工可以效仿的榜样。

（5）创业精神

企业家精神是企业家自身人格特征的外在表现。其中,追求独立,敢于冒险;渴望成功、坚持不懈和努力工作的精神品质都是促进创业精神产生的关键因素。

对于创业者来说,创业过程和足球比赛过程有着惊人的相似之处,都充满了困难和障碍,但这并没有减弱他们的拼搏精神。

（6）创新能力

人是创新的主体,只有企业家不断创新,企业才能不断发展。因此,作为一名企业家,必须具备管理、技术和市场方面的创新能力。

创新可以说是创业人才所具备的核心能力。无论是在创业过程中发现新思路、抓住新机遇、寻找新市场,还是撰写具有发展潜力的创业计划,都离不开创新能力;创新需要在创业融资和企业运营、管理和控制中发挥作用。创新可以显著影响创业活动的效率,促进创业实践活动的顺利进行。创新能力源于创造性思维。成功的企业家必须具备想象力、敏感性、独立性、新颖性、寻求多样性和灵感等突出品质。具有创造性思维的人可以将他们的知识应用于不断变化的市场需求,并将其与市场供求的变化紧密结合,开发出新的产品和技术。创造性思维不仅强调学习知识的能力,而且还强调发现和解决问题的能力。19世纪末,美国加利福尼亚州发生了淘金热。一名17岁的男孩也想加入加利福尼亚淘金热队。然而,他发现淘金并非易事。他害怕那些野蛮的淘金者。然而,当他发现金矿工人在炎热的天气里经常口渴时,他挖沟渠从远处的河流中取水,过滤三次,然后卖给当地的金矿工人。金矿开采有风险,当时他可能无法在加利福尼亚州找到黄金,但卖水是非常安全的。他在短时间内通过卖水赚了6000美元,然后回到家乡建立了自己的罐头厂。他就是后来被称为美国"食物之王"的亚历山大。大多数成功的企业家都有独特的见解,他们可以从不同的角度看待问题,并能够不断创新和探索新的市场需求。因此,企业家不仅要有能够发现市场需求,还要注意不同事物之间的联系。

（7）经营管理能力

企业管理能力是通过人、财、物、时、空的合理结合,为人类生存和发展提供有利条件的综合能力。

①战略决策能力

各种政治、经济和文化因素在创业环境中相互关联。在这种复杂的情况下,很难做出完美的计划,这就要求企业家具有良好的战略决策能力,能够综合考虑经济发展规律、市场发展变化和国家政策法规,正确评价创业机会和计划。战略决策能力是企业管理的核心能力。

②资源整合能力

资源整合是指公司对资源来源进行识别、选择、提取和有机整合具有不同结构和内容资源的动态而复杂的过程,使其具有高度的组织性、系统性和创造新资源的价值。创业过程需要将现有资源与企业发展、市场变化等因素不断整合,实现整体优化及资源价值最大化。

③沟通协调能力

沟通协调能力是可以帮助企业家减少摩擦,解决冲突,整合关系,增加合作意向,并为他们之间以及竞争对手和客户之间的合作奠定良好的基础。

（8）时间管理能力

企业家可以从以下几个方面提高他们的时间管理技能。

①严格规定完成期限

如果你只有1个小时的时间来做这项工作,那么你将能够在1个小时内快速有效地完成这项工作。在计划工作时,为每项任务设定最后期限并在计划的时间范围内完成任务将有助于提高工作效率。

②学会列清单

在做某事之前,有必要详细列出任务并指明优先级,这样可以更好地安排工作时间,而不用担心在工作期间不知道该做什么,也不用担心直到该完成工作时才意识到还有很多事情没有完成,然后开始匆忙处理手头积压的工作。不要相信自己会用心记住每一件事,当你看到一长串清单时,你就会有紧迫感。

3. 创业个性的培养

创业能力的提高需要通过学习知识和技能、通过实践和培训活动、通过创业实践、通过日常学习和生活来培养。企业家想要具备这一核心能力,就必须具备良好的企业家人格,这是培养关键能力的基础。那么,如何培养一个人的创业个性呢？

第一,要有积极地个性,能激励自己。培养自己乐观的个性,经常从积极的一面看待悲观的事情,注意观察周围事物中是否存在危机,培养自己从积极的角度看待这些现象和问题,并提出可能的化害为利的解决方案;当感到不知所措和压力重重时,学会与家人或朋友一起通过学习或讨论找到解决方案。

第二,要有敢于冒险的性格。企业家首先是"投资者",有了投资,就有了风险。创业需要冒险精神。培养冒险个性可以通过户外训练、户外活动、独自郊游和其他活动来实现。[①] 它也可以通过积极的课堂演示和与教师的讨论来实现,也可以通过财务管理、股票购买和其他方式来进行培养。

第三,不放弃的性格。奋斗和挑战是企业家需要拥有的品格。创业可能会失败,失败后他们不应气馁,而是会继续前进,直到成功。正处于学习阶段的学生可以通过竞选班干部,或者挑战某个难度较大的考试来完成。

第四,敏锐的个性。敏锐的个性可以使人们迅速做出反应,对发现创业机会具有重要意义。培养敏锐的个性可以通过快速计算、目标跟踪、辩论比赛或激烈讨论来实现。

第五,善于交朋友的个性。良好的沟通是成功创业的重要条件。培养交朋友的个性,就是主动问候他人,尽可能多地为他人着想,让交朋友成为一种乐趣。节日期间定期问候朋友,报告你的创业进展,倾听他们的创业进展,并一起分享快乐。

(二)创业素质的准备

1. 大学生常见的创业素质

创业是个人或数人共同创业并持有所有权的过程。从广义上讲,创业是通过开拓思维和创造性劳动取得成功。如今,企业家的素质和能力往往决定着创业的成败。大学生有数百万条创业道路,成功人士所具备的品质往往有很多相似之处。企业家的个性大不相同,成功的方法和途径也不同。通过对一些成功案例的总结和分析可知,企业家的创业素质主要包括以下几个方面。

(1)创业者的心理素质

企业家的心理素质是指他们的心理状况,包括自我意识、个性、气

---

① 钱娜,周湘杰,王珂.高职生创业指导 [M].北京:中国铁道出版社,2020.

质、情绪等心理成分。自我意识的特点应该是自信和自主,个性应该坚强、执着、果断、开朗,情绪应该更加理性。根据成就动机理论,与没有创业心理素质的人相比,具有创业心理素质者实施创业行为的倾向更高,成功的可能性更大。大多数成功的企业家在成功时仍然可以保持清醒的头脑,清楚地看到自己的缺点;在失败的情况下,要有承担后果的勇气,不断总结和改进,寻求东山再起的机会。

①成就需要

成就的需要是企业家对创业成功有着强烈的渴望,而成功的创业不仅仅是为了获得社会认可或声誉,更是为了获得个人内心自我实现的满足感。[①]

②控制

控制欲是指企业家相信,他们对生活的控制程度可以帮助他们克服创业道路上的各种困难和障碍,并使创业目标成为他们的人生目标。研究表明,企业家们相信,决定他们创业成功的是他们自己,而不是其他人。他们往往具有强烈的控制欲,并对创业活动产生重大影响,总是希望将创业过程控制在自己手中。

③风险承担倾向

企业家会遇到各种各样的困难。因此,企业家必须有足够的心理准备,愿意冒险,不要被困难吓倒,并坚持不懈地朝着既定目标前进。最终,总会有成功的一天。

④应对困难风险度

做好心理准备,随时应对困难,面对不断出现的挑战,并始终朝着既定目标努力。一个敢于吃苦、敢于克服障碍、保持坚强斗志的企业家,最终会成为一名优秀的企业家。

⑤团队意识

在创业过程中,企业家需要与客户、公共媒体、外部供应商和内部员工互动。这些互动和沟通可以有助于创业的成功性。

(2)创业者的道德素质

一个人的个人素质是其社会行为的根本基础。个人素质在创业活动中起着至关重要的作用。自信、积极地心态、进取心、拼搏精神等都是一个人人格特质的体现。我们在这里所说的人格特质与创业直接相关,

---

① 王东方,任美英,祁少华,等.创业基础[M].厦门:厦门大学出版社,2021.

内在地包含着创业因素,积极地发挥着创业的作用。企业家的人格特征包括真诚、友善、胸襟开阔、勇于纠错、勤奋、冒险精神和创新意识。

①诚信为本

诚信是"诚实而不欺骗,信守承诺,言行一致,对外真实"。诚信不仅是为人处世的根本原则,也是做生意的灵魂。在创业过程中,诚信是第一品质,是企业家的"金名片",是参与各类商业活动的最佳竞争工具。现代企业越来越多地实施开放运营,甚至跨境全球运营,在此期间,它们与外部世界建立了许多关系,包括许多合同关系。严格遵守合同和信守承诺的能力自然成为企业的重要道德标准。诚信是规范企业公共关系的道德规范。诚信价值观的基础是以企业信誉为生命,诚信待人是诚信价值观实践的关键。

②责任心强

企业家需要有自强、自主和自立的精神。大学生应该通过各种形式学习成功企业家的优秀品质,并深入了解他们在创业过程中所经历的风险。责任感是由许多小事组成的,但最基本的是做事要有责任心,无论多么小的事情,都可以做得比过去任何人都好。

③法治观念

市场经济的秩序是由法律维护的,守法经营是企业家必须捍卫的一道防线。一旦失去了这个观念,任何非法活动,如走私、逃税和欺诈,都会让企业家陷入困境,最终导致走向深渊。由于初期缺乏公信力积累,企业家的法律意识显得更加重要。在守法问题上,可以说是"一着不慎,满盘皆输"。

现代社会是一个法治社会,依法办事是社会上每个人都必须遵守的行为准则。致力于创业的人也不例外,因为他们在普通公民身份中又多了一个"法人"身份。有许多与经济有关的法律法规不容忽视。正是出于这个原因,我们认为法治概念是企业家财务素质不可或缺的重要组成部分。从个人角度来看,法治概念是指人们对法律的认识、理解、遵守和依法行事的法律意识。法律是一项强制性的行为准则,违反者将不可避免地面临严厉的制裁和惩罚。另一方面,法律还规定了人民的权利和义务。如果受到侵犯,企业家也可以采取法律武器来保护自己。

守法是指企业家严格遵守法律法规建立和经营企业,不从事非法活动,不从事与法律相抵触的行为。做一个遵纪守法的企业家,只有这样,企业才能实现可持续发展。每一个企业家都应该牢记法律的双重性。

众所周知,经济纠纷日益增多。如果一个人不学会使用法律武器来保护自己和公司的利益,或者在不知不觉中违反了法律,可能会对自己和公司造成巨大甚至毁灭性的经济损失。强调企业家要有法治观念,绷紧"法律之弦",避免非法经营,保护合法经营,最根本的意义是希望企业家能够共同维护正常健康的社会经济秩序,确保每个企业都能在稳定的环境中实现更好的发展。

④勤劳节俭

"勤能补拙""勤则富""成则俭、败则奢"等至理名言,都是人生创业成功的必由之路。创业,特别是白手起家的企业家,必须坚持"勤俭节约"。把勤俭节约应用到企业经营中,降低经营成本,提高经营效率。世界上许多成功的企业家都有勤奋和节俭的个性。没有勤俭节约的精神和习惯,学生很难成功创业。今后,学生要培养勤俭节约的生活习惯。

（3）创业者的专业素质

熟悉行业内产品的性能、功能、特点和定价,了解供应和客户情况,有利于采购和促销;了解行业的不成文规则和规定,如行业传统、惯例、行业指南和行业规则,以避免违反行业禁忌。在正常情况下,熟悉是创业规则最基本的原则。因为企业家熟悉这个行业的商业规则,并且在工作中积累了一些经验,在创业时就可以避免走弯路。如果在没有条件的情况下创业,仓促行事,那么等待创业者很可能是失败。例如,房地产开发需要大量的资本运作;软件开发需要高水平的知识和技术背景。创业的基本条件:积累资本、学习技术、掌握经验,准备得越充分,赢得创业的机会就越大。

①专业能力

企业家熟练的专业知识和技能是确保他们精通行业的必要条件,尤其是对于白手起家的企业家。

②社交能力

创业需要企业家依靠他们所拥有的资源,最重要的方面是网络资源,这是指企业家建立人际或社交网络的能力。如果一个企业家不能在最短的时间内建立起他们最广泛的社交网络,那么他们的创业肯定会非常困难。企业家在经济活动中不可避免地会参与各种社会活动,这对改善生产和管理、加强与各方的沟通和联系、扩大影响力、减少负面影响、提高经济效益具有不可估量的作用。

③科学和技术知识

科学技术是第一生产力,而且是不断变化的。企业家应该努力成为自己商业领域的专家,并拥有更广泛的专业知识。

④管理知识。管理既是一门科学,也是一门艺术。现代管理理论是所有领导者必备的学科内容,也是成功人士的法宝。通过在实践中创造性地运用管理知识,可以形成一种独特的领导艺术。

（4）创业者的行为素质

当代大学生成功创业应具有勤奋、探究、坚持、灵活、良好的商业道德和强烈的行为责任感等素质。

①执着

如果需要克服巨大的障碍和困难,那么精神处于高度紧张的状态,而在这种紧张的情况下,意志因素发挥着极其重要的作用。可以说,创业活动是一种复杂的意志力活动。成功的意志对创业来说至关重要。

②灵活应变

根据情景理论,在选择创业方法和路径时,应从实际出发,根据环境的变化对创业活动做出相应的调整。在调整和实施创业活动的过程中,必须面对不断变化的客观环境。因此,创业者需要具有一定的灵活性和适应性,以应对此类计划实施环境的不确定性。

③独立自主

创业者应具有独立的人格特征。在创业过程中,当面临困难和危机时,往往只有通过创业者自己的努力才能克服困难。因此,创业者应注重培养独立的品质,对创业目标和行为有自己的见解和见解。

④善于交流、合作

有效地沟通与合作对企业的发展起着至关重要的作用,尤其是在创业阶段。创业者通过语言、写作和其他形式与内部员工、客户、公共媒体和同行互动,并与周围人进行有效沟通,为他们之间的合作铺平道路。在创业的道路上,学会合作可以实现资源的优化配置,消除障碍,解决冲突,增强信任,降低工作难度,提高工作效率,为创业成功奠定坚实的基础。

⑤敢于冒险

冒险精神是人格特质中最珍贵的资源力量。勇气和财富之间有着持续的联系。创业需要冒险精神。因为任何形式的创业都是建立在前人或自己没有发现的基础上的,如果一个人不敢于冒险,就不可能获得创业的成功。创业的难度越大,风险就越高。因此,创业需要具有"吃第一只螃蟹"的勇气和"敢为天下第一"的勇气。

在市场经济的浪潮中,机遇与风险并存。在创业过程中,机会往往伴随着风险。随着业务范围和规模的不断扩大,业绩和随之而来的风险也在增加。只有在采取行动之前进行风险评价并制定相应的应对策略,才能保证成功。

⑥良好的身体素质

身体是革命的资本,创业者应注意日常锻炼,保持积极乐观的心态,确保身体健康、精力充沛、敏捷,并始终处于最佳身体状态,以参与创业活动。在日常生活中,注意体育锻炼是很重要的。

⑦树立危机意识

古语有云:无远见卓识,必有近忧。如果创业者没有危机感,他们往往会显得不知所措,无法平静地应对突如其来的变化。如果一家公司缺乏危机意识,对市场风险缺乏足够的敏感性和警惕性,那么它最终会被市场淘汰。因此,创业者应该始终保持危机意识,制订危机应对计划,并从组织、人员、措施和资金等方面为其做好准备。在危机到来之前,他们应该准备好所有必要的应急计划和安全措施。

⑧良好的商业道德

诚信是企业生存和发展的基础,也是企业伦理对创业者的要求。如果创业者没有良好的商业道德,只为个人利益行事,他们肯定不会建立一个成功的企业。只有创业者对客户和员工坦诚相待,客户和员工才能为新企业的发展增加效益。可以说,世界上所有杰出和成功的创业者都具有良好的商业道德。

⑨为人真诚

真诚是一个人最高尚、最美丽的品质。从道德角度来看,真诚的人具有高尚的道德品质、正直的品格,能够真诚地接近人和社会,从不对他人进行欺骗。真诚的人创业,他们的性格与他们的创业声誉直接相关,成为一笔巨大的无形资产。

⑩友好待人

如果说真诚是人类性格的内在表现,那么对他人友善就是真诚性格在情感态度上的表现。我们所说的对他人友好是基于真诚,而不是夸张的激情、虚伪的微笑或伪装的行为。友谊是世界上最美丽的情感。它给人们带来和谐、温暖和爱。对他人的友好体现在创业道路上,这是一种对客户充满热情、耐心和周到的综合服务,让他们有宾至如归的感觉,并真正相信自己享受了"客户就是上帝"的礼遇。在这一点上,创业企业的繁荣是不可避免的,也是合理的。

⑪勇于改错

一个敢于改正错误的人,是一个真诚的人,一个谦逊的人,也是一个宽宏大量的人,这也是人类的美德。敢于改正错误和犯错是事业成功的必要共同点。作为一名企业家,如果你不具备能够纠正错误和勇于纠正错误的美德,也许一个小小的错误可能会给你带来巨大的经济损失。如果你能谦虚地听取他人或下属的意见或建议,你可能会在无形中避免自己的经济损失,甚至带来好处。

(5)创业者的文化素质

文化素质是一个人的知识和能力的综合体现。文化素质对创业素质的意义主要体现在两个方面:一是文化素质作为个体的文化修养而存在,它构成了个体的文化背景和创业素质,是个体行为和生活的基础和支撑。二是与人们经营的行业相对应的某种知识和能力在文化素质上会直接成为其创业素质的构成因素。在一些特殊行业,对相应知识和能力的要求非常明确。将自身文化遗产的优势直接转化为创业是很自然的。对于企业家来说,作为背景的文化素养通常不是他们创业品质的直接组成部分,但其变革效果令人惊讶。诚实守信、文化素养深厚的企业家,无疑会赢得更多人的信任,从而在创业中获得意想不到的收获。

文化素质是一种精神上的东西,它不仅是企业家素质之外的东西,也是企业家素质之内的东西。它因人而异,因行业而异,因物而异,总是在创业品质中发挥着直接或间接、明显或潜在的作用。

2. 大学生创业素质的培养

大学生创业素质的培养是一项涉及全社会的系统而复杂的工程,必须采用科学有序的培养方法。成功的创业者不仅需要个人具有创业创新的激情和冒险精神,而且需要具有强烈的团队合作精神。有毅力,不达目的不放弃,充满信心;不迷信权威,不盲目崇拜,拥有强大的创造力和对创新的热爱。大胆思考,行动、务实、执行力强;精力充沛,情绪稳定。这就需要对大学生进行创业意识教育,并扩大对培养学生创业意识的投资;我们必须坚持以人为本的职业教育方针,增强学生的自我肯定,增强他们的创业信心。

企业家精神是指创业者在主观世界中的创造性思维、观念、个性、意志力、风格和素质。创业精神的实质是创新意识和开拓精神,是高校培养创业素质的关键。学生创业不仅需要基本的专业知识,还需要金融、人文和市场营销等一系列知识。这就要求高校要根据学生的特点,构建完整的校园创业知识培养课程体系;企业家的知识素养在创业中起着至关重要的作用,拥有完整的创业知识是开展创业活动的前提。

高校的培养目标是为社会培养一大批具有创业能力,特别是创业实践能力的人才。首先,有必要在课堂上培养学生的好奇心。仅仅记住课本上的知识是不够的,应锻炼学生的实际应用能力,将知识付诸实践,最大限度地发挥学生的主观能动性。良好的身体素质是培养大学生创业素质的重要因素。创业者不仅需要良好的创业素质,还需要强健的身体素质。创业者面临的挑战是巨大的,创业的早期阶段往往很困难。一个身体素质不好的人不仅很难忍受这些苦难,而且很难创业成功。这就要求创业者要有良好的心理素质和身体素质,只有具备良好的身体素质才能保证创业的顺利进行。

当前,随着高等教育的不断扩大,大学生面临着更大的就业压力。从我国目前的情况来看,不可能在相对较短的时间内为学生提供大量的工作岗位。因此,为了提高大学生的就业率,寻找新的方法是很重要的。在这样的形势下,大学生自主创业是一个不错的选择。这样既能解决自己的就业问题,又能为他人提供就业机会,有效缓解了当前就业形势的严峻压力。

（1）诚信的培养

诚信和道德品质的培养需要以下几点:①认识到诚信的重要性。诚信是各个行业生存的根本基础,欺骗和使用劣质产品无法维持长期地商业运营。消费者可能会被欺骗一两次,但他们不能永远被欺骗。对他人诚实,努力做到言行一致,外表诚实,言语诚实,做事诚实。在职业活动中,首先信任他人,不怕吃亏。用信任建立企业,在行为和行动方面,必须"言出必行"。当履行承诺的条件发生变化时,无论多么困难,都必须想办法保质保量地履行合同。

（2）守法意识的培养

通过学习法律知识可以培养守法意识。学习的方式有很多种,包括从书本、社会实践和现实生活中的所有新闻媒体中学习,广泛吸收各种法律知识,转变为自己的知识体系。

（3）节俭习惯的培养

随着时间的推移,大学生花钱时会变得越来越有计划,不与人争吃争穿,珍惜食物,不挑食,不剩饭,不对父母提出过多的物质要求,不随意扔衣服或餐具,注意细节。

高校在教学过程中应充分重视创业教育的相关内容,培养更多的创业人才。这不仅可以为社会经济发展提供更多的人才,而且可以有效地促进社会经济发展,促进社会和谐。当前是一个创业的时代,高校必须跟上这个时代的步伐。人才培养的标准是培养适应社会和市场发展的创业人才,更新传统教育理念,创新教学目标和内容,将新技术充分应用于创业教育,努力探索促进创业教育发展的有效途径。

高校要建立健全人才培养机制,坚持理论联系实际,学以致用。要从教学、创业、社会的实际需求出发,有针对性、务实性地培养创业人才,使其与高校学生的年龄、特点、知识结构紧密结合。我们要根据当代产业发展模式改革人才培养机制,及时观察和调整区域产业发展结构。要废除传统落后的教育政策,优化人才教育规划,提高创业素质教育在人才教育整体中的比重,深入落实国家创业人才培养政策,提高高校学生的职业素养。全面提高高校学生的创业素质,为他们的创业和进入社会奠定相关基础,为社会和国家培养越来越多的优秀创业人才。

二、创业的计划

（一）创业计划书的概念

创业计划书也叫商业计划书,是指创业者认为某一项产品或者服务前景广阔,如果运作得当,能创造出巨大的社会价值或经济价值,由此产生了创业的想法,在成立公司之前,创业者将产品或服务的市场发展前景、能产生的价值等创办一个公司所有的内外部要素进行描述,向潜在投资者、风险投资公司、合作伙伴等进行游说,以获得合作支持或风险投资的可行性商业报告。一份完整的创业计划书不仅要包括各项职能,如具体的营销计划、生产与销售计划、财务计划、组织人事计划、融资计划等,而且还要包含短期要实现的目标,与中长期要达到的目标与高度。

创业计划书的编写不是一项简单的工作,而是一项系统性工程,在编写之前,首先要对产品或服务所属的行业的市场前景、发展现状与未来发展趋势进行调查、分析、评价,为自己的产品或服务定好位,然后制定发展战略,在此基础上,按照相对标准的文本格式进行撰写,整体逻辑框架要清晰,总结起来就是创业计划书要回答好 5 个问题:(1)我是谁?包括是否有团队,团队的具体组成以及项目的理念。(2)我要做什么?包括项目的核心任务是什么,以及解决了什么样的重点。(3)我要怎样做?包括具体的行业模式是什么、具体盈利模式是什么、预计什么时候可以实现盈利。(4)我需要什么?包括需要多少投资、可以给投资者让出多少股份。(5)我能做到!包括市场环境分析与预测、项目核心竞争力。在此基础上,好的版面设计、较强的文字功底可以为创业起到锦上添花的作用。有了一份完整的创业计划书,就如同有了一张商业发展的方向指示图,可以随时提示创业者要注意哪些问题,要规避哪些风险,从而最大限度地为创业者提供外部帮助。

(二)撰写创业计划书

创业计划书的推销对象有两个:一是创业者自己,向自己推销自己计划创办的企业,说服自己是否可行;二是风险投资者,目的是拉投资。

所以,在一份创业计划书中,可能做不到面面俱到,但下面的内容一定要写清楚。

第一,创业的目的,为何要创业,为何要花费精力、时间、资源、资金来创业?

第二,打算投入多少启动资金?都打算做哪些项目?投资者为什么要注资,需要投入多少资金,能得到多少股权?对于已经成立的风险企业而言,创业计划书能够为公司的发展制定出一个相对具体的方向和重点,让员工能够更好地理解公司的经营目标,并激励他们朝着一个共同的目标去努力。更重要的是,它能够让投资者以及供应商、销售商等对企业的运作情况和运作目标有一个清晰的认识,从而能够劝说投资者(原来的或者新的投资者)为公司新产品的研发或者规模的扩大等进一步发展注资。

正因如此,创业者需要高度重视创业计划书。那么,怎样才能撰写出一份相对完美的创业计划书呢?

1. 创业计划书的准备

没有给予投资人想要了解的足够信息,也没有让投资人兴奋、感兴趣的创业计划书,只会被束之高阁。要保证一份创业计划书能够顺利"拿下目标",创业者需要在前期的准备工作中做好如下工作。

（1）关注产品

一份创业计划书应该包含企业所做的一切与其产品和服务相关的详细信息,其中应该包含企业所做的全部调研,并要重点解答以下问题:企业的产品目前处在哪个发展阶段? 有什么特色? 采取什么样的营销战略与策略? 产品的定位及目标消费群体? 产品的预计生产成本是多少,售价定位在哪个区间? 企业有没有研发新产品的能力,预计多长时间研发一款新产品? 把出资者拉到企业的产品或服务中来,使出资者能够像创业者那样对产品感兴趣。在创业计划书中,创业者应该尽可能将一切都写得简洁,因为尽管创业者对产品或服务的特性都很清楚,但是别人未必知道他们的意思。写一份创业计划书,不但要让投资人相信,企业的产品将给投资人带来可观利润,而且要让投资人相信,企业有能力完成预定的目标。

（2）敢于竞争

在创业计划书中,创业者要对竞争者的情况进行详细地分析。如竞争对手有哪些? 每个竞争者的规模有多大? 他们的产品优势有哪些? 他们的目标群体是哪些? 他们在市场中的分布? 他们采用哪种营销策略? 要对每一个竞争者在市场中占有的份额、大概的销售额、毛利润、净利润进行分析,然后将自己的产品和企业与竞争者的进行对比,突出自己的特色,体现出自己的核心竞争力,如消费者对本企业的产品更青睐的原因是产品质量过硬、性价比高、售后服务好;等等。创业计划书要让潜在的投资人相信该企业不但在该领域内是一个强大的竞争对手,在未来也将成为制定该领域标准的领先者。在创业计划书中,要清楚地说明竞争对手可能会给本企业带来的风险以及本企业针对这些潜在的风险制定了哪些防范对策。

（3）了解市场

创业计划书要让投资人看到创业者对市场进行过充分地调研与分析,包括经营环境(政策环境、法律环境、行业环境、宏观经济状况)、市场需求(需求预测分析、需求发展趋势与前景),这些因素对消费者对购买本企业产品的影响以及各自的影响力具体有多大。营销计划也是创业计划书中必不可少的,应列出本企业计划营销的形式、方式、平台、区域;等等,每一项营销活动的预算和预期产生的收益。在创业计划书中,应该简要介绍企业的销售战略。另外,关于销售的相关细节问题也要在创业计划书中有所体现。

（4）表明行动的方针

一家企业的行动计划应完美无缺。在一份创业计划中,必须清楚地说明以下几个问题:一家企业怎样将自己的产品投放到市场? 生产线是怎样设计的? 产品是怎样装配的? 产品的生产所需的原材料是什么? 企业有什么生产资源? 生产成本是多少,设备成本又是多少? 生产线的设备是购买还是租赁? 产品组装成本是多少? 产品的储存与运输的固定成本与变动成本又是多少?

（5）展示企业的管理队伍

将创业理念转变为创业公司的关键在于拥有一支强大的管理团队。团队的成员应具有很强的专业知识,有很强的管理能力,有丰富的工作经验。管理者的职能是计划、组织、控制,并指导公司达到他们所要达到的目标。在创业计划书中,应该对整个管理团队以及他们的职责进行明确,之后再分别介绍每一位管理人员的特殊才能、特点和成就,详细说明每一位管理者能够为公司创造的价值。管理目标与组织架构也应该在创业计划书中阐述清楚。

（6）出色的计划摘要

在创业计划书中,计划摘要的作用不容忽视。它的作用是激起投资者的兴趣,让投资者认为有必要往下了解整个项目。在撰写创业计划书的时候,创业者要将创业计划摘要放在最后写,而潜在的合作者、投资者拿到创业计划书之后,首先看到的就是创业计划摘要,可以从中了解到企业目前的生产能力、运行情况、风险防范能力、产品或服务特色、组织结构、财务状况等。如果把企业比作一本书,那么创作计划书的计划摘要就是整本书的封面,如果足够有吸引力,投资者就会有兴趣与意向投资。

2. 创业计划书的内容

创业计划书主要包括:计划摘要;创业企业介绍;产品介绍;市场机会和营销策略;生产运营;人员及组织结构;风险管理;财务分析;

三年发展规划；附录等。具体如图 5-1 与图 5-2 所示。

（三）创业计划书的展示

1.创业计划书展示前的准备

要想让自己的创业计划书有足够的吸引力,那么创业计划书的展示就显得非常关键了。许多创业者都是实干家,他们专业技术水平高超,踏实肯干,但是他们往往不善于沟通,不善于向他人展示自己,缺乏交流和表达能力。沟通的本质在于思想传递,如果创业者与投资者之间不能进行有效的沟通,那么创业者将很难获得投资者提供的资金。

要想成功而顺利完成创业计划书的展示,我们需要做好两个工作:一是要做好展示前的准备工作;二是要掌握并熟练运用演讲技巧。

在创业计划书展示之前,第一,要对路演的性质有一个清晰的了解,要对听众的情况、主办方以及主要参与者的情况都有一个清晰的了解,尽量多地搜集听众的信息,比如,要对投资人、评委的姓名和背景情况有一个了解,这样在演讲的时候就可以建立起关联关系。第二,在演讲过程中,要对演讲和提问的时间进行严格、合理地分配。第三,穿着打扮(个人和团队),正常情况下,穿着正式,团队穿着有自己公司标志的服装,并准备好自己的名片。第四,要反复排练,事先对场地进行熟悉,例如有没有投影仪、麦克风等设施,这样才能有一个好的演讲方式。

创业计划书的内容 ┬
├ 计划摘要 ┬ 公司介绍
│   ├ 主要产品和业务范围
│   ├ 市场概貌
│   ├ 营销策略
│   ├ 销售计划
│   ├ 生产管理计划
│   ├ 管理者及管理组织
│   ├ 财务计划
│   ├ 资金需求状况
│   └ ……
├ 企业介绍 ┬ 创办新企业的思路及企业的目标和发展战略
│   ├ 企业所处的行业，企业的性质和经营范围
│   ├ 创业者自己的背景、经历、经验和特长等
│   ├ 企业主要产品的介绍
│   ├ 企业的目标市场，企业的顾客群及其需求
│   ├ 企业的合伙人、投资人
│   └ 企业的竞争对手，竞争对手对企业发展的影响
├ 产品介绍 ┬ 产品的概念、性能及特性
│   ├ 主要产品介绍
│   ├ 产品的市场竞争力
│   ├ 产品的研究和开发过程
│   ├ 发展新产品的计划和成本分析
│   ├ 产品的市场前景预测
│   └ 产品的品牌和专利
├ 市场机会和营销策略 ┬ 市场机会 ┬ 产品或服务所面对的市场及竞争者的情况
│   │   └ 细分市场，给出最适合自己的市场定位
│   └ 营销策略 ┬ 产品
│   ├ 价格
│   ├ 渠道
│   └ 促销手段
├ 生产运营 ┬ 企业的生产策略
│   ├ 厂址的选择
│   ├ 生产计划制订的依据
│   └ 生产运作管理
├ 人员及组织结构 ┬ 公司的组织机构图
│   ├ 各部门的功能与责任
│   ├ 各部门的负责人及主要成员
│   ├ 公司的报酬体系
│   ├ 公司的股东名单：认股权、比例和特权
│   └ 公司的董事会成员及各位董事的背景资料
├ 风险管理 ┬ 环境风险
│   ├ 市场风险
│   ├ 管理风险
│   ├ 财务风险
│   ├ 技术风险
│   └ 生产风险
├ 财务分析 ┬ 初期资金
│   ├ 股本结构（创业团队和风险投资各占多少比例）
│   ├ 前两年预计的销售量、销售收入、净利润、销售毛利和权益资本报酬率等
│   └ 项目的动态回收期、财务净现值和修正的内部收益率等
├ 三年发展规划
└ 附录

图5-1　创业计划书的内容

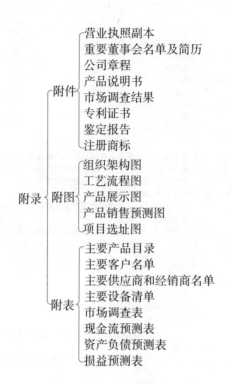

附录
- 附件
  - 营业执照副本
  - 重要董事会名单及简历
  - 公司章程
  - 产品说明书
  - 市场调查结果
  - 专利证书
  - 鉴定报告
  - 注册商标
- 附图
  - 组织架构图
  - 工艺流程图
  - 产品展示图
  - 产品销售预测图
  - 项目选址图
- 附表
  - 主要产品目录
  - 主要客户名单
  - 主要供应商和经销商名单
  - 主要设备清单
  - 市场调查表
  - 现金流预测表
  - 资产负债预测表
  - 损益预测表

图 5-2　创业计划书附录的内容

要求事先熟悉演讲技巧。首先要处理的问题就是由谁来做这件事,挑选一个有能力的人来做这件事,但也要考虑到大家对这个项目的了解,让大家都能更好地参与进来。其次,充分运用幻灯片描述,但是,幻灯片只是起到辅助作用,关键是创作者及其团队,所以,幻灯片不一定要做得很细致,但是一定要有一个大概的轮廓;幻灯片的制作要简洁,可以采用6—6—6原则,即每行不超过6个词语,每页不超过6行,6张纯文字幻灯片后要有一个视觉停顿(图、表),不要过于花哨。一次20 ~ 30分钟的演讲使用的幻灯片最好不要超过12张。最后,在演讲中要表现得生动、有趣、富有激情,要介绍自己的个人经历或者是奇闻趣事,要保持幽默风趣,用手势和慷慨激昂的语气来展现自己的热情,并邀请观众适当地参与进来,还可以展示自己产品的样品等。

2. 创业计划书展示案例

对创业计划书进行展示的过程中,展示顺序可以不用严格按照计划书的顺序进行,但是要注意各部分的逻辑关系,一环扣一环,这样才能让投资人仔细倾听。以下是一个创业计划书的展示范例，以供创业者参考。

（1）标题

> · 公司名称、副标题、公司logo等
> · 创始人或团队名称
> · 联系方式
> · 日期

（2）第一部分 概述

> **概述**
>
> · 公司及产品或服务的简要介绍
> · 展示目录

（3）第二部分 问题（为什么 Why）

> **问题**
>
> · 痛点、痒点、兴奋点
>   · 某种可以帕累托改进的经济现象
>   · 某些亟待解决的问题
> · 问题的严重性
>   · 造成浪费
>   · 成本较高（社会成本、个人或企业成本）
>   · 客户的不方便
> · 现有解决方案的不足

（4）第三部分 解决方案是什么（是什么 What）

> **解决办法**
>
> · 阐述公司提供的解决方案
>   · 产品、服务、技术、平台或者资源
> · 与其他企业相比，企业提供的解决方案的优势有哪些
>   · 产品或服务的独特性
>   · 技术的先进性
>   · 其他优势
>   · 为顾客带来的改善
>   · 企业所拥有的知识产权

（5）第四部分 市场分析（为了谁 Whom）

市场需求分析

· 阐述创业项目的目标市场
  · 行业背景、商业环境、市场规模
  · 客户细分、目标市场
  · 公司预期市场份额及变化
  · 市场分析的相关数据整理（图表直观展示）
· 市场竞争者分析
  · 直接、间接的竞争者以及潜在竞争者
  · 对竞争者进行分析
  · 本企业的竞争优势及策略
  · 退出策略
· 创业项目的可商业化阐述
  · 可行性、盈利性、持续性
  · 商业模式阐述（商业画布）

（6）第五部分 营销策略（怎么做 How）

市场营销策略

· 阐述公司的市场营销策略
  · 定价策略
  · 业务开展区域
  · 如何促销
  · 营销渠道
· 产业链定位
  · 业务的产业链定位（研发、生产、批发、零售、代工等）
  · 供应链管理
· 营销方面已有的优势资源
  · 原材料优势
  · 渠道优势
  · 平台优势
  · 客户积累

（7）第六部分 创业团队（谁去做 Who）

创业团队

· 团队介绍
  · 创始人
  · 合伙人
  · 管理团队
  · 顾问
  · 企业员工
· 现有团队成员专业优势及分工
  · 个人背景与专业
  · 个人优势对公司的促进作用
  · 团队分工合作
· 人才引进计划

（8）第七部分 财务现状及预测（资金是如何流转的）

```
                        财务分析
·已投资资金
   ·固定资产、流动资产
   ·出资比例
   ·已投入资金来源
·预测未来资金流动
   ·收入成本预测（利润计划）
   ·现金流量及预测
```

第三节　创业机会的识别

一、识别创业机会的方法

创业机会的识别方法有很多种，以下列举了几种常见的方法（图5-3）。

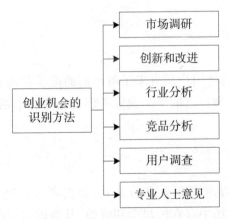

图 5-3　创业机会的识别方法

（一）市场调研

创业者可以通过市场调研来了解当前市场的需求和趋势，观察消费者的行为和反应，寻找市场中存在的问题或需要解决的问题，从而发现潜在的创业机会。

（二）创新和改进

创业者可以通过对现有产品或服务的不足之处进行创新和改进来满足消费者的需求，并创造出独特的价值。

（三）行业分析

创业者可以通过对所在行业的发展趋势、市场规模、竞争程度等方面进行分析，来判断当前市场中存在的机会和潜在的威胁，从而发现适合自己的创业机会。

（四）竞品分析

创业者可以通过对同行业竞品的分析来发现它们的不足之处，从而找到自己的差异化定位，发现市场中的机会。

（五）用户调查

创业者可以通过用户调查来了解他们的需求和偏好，从而发现市场中存在的空白点，为自己的产品或服务创造出新的市场。

（六）专业人士意见

创业者可以寻求专业人士的意见，如投资人、产业专家、行业协会等，来了解当前市场中存在的机会和威胁，从而做出更明智的决策。

二、识别创业机会的条件

创业机会识别的基本条件包括以下几个方面（图 5-4）。

（一）创业愿望

创业愿望是创业者进行创业活动的内在动力和原始动力，是创业机会识别的前提和基础。只有具备强烈的创业意愿，才会主动去寻找和识别创业机会。

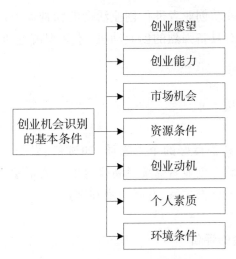

图 5-4　创业机会识别的基本条件

（二）创业能力

创业者需要具备一定的创新能力、市场洞察力、资源整合能力和风险承受能力等创业能力，这是创业机会识别的基础和保障。

（三）市场机会

创业机会是存在于市场中的，因此，市场机会是创业机会识别的重要前提。创业者需要关注市场动态，发现市场中的潜在机会，关注行业发展趋势，及时抓住市场机会。

（四）资源条件

创业者需要具备充分的人力、财力、物力等资源条件，这是创业机会识别的物质基础。创业者需要具备一定的经验、学历、流动资金等,同时还需要具备充足的时间和精神等资源。

（五）创业动机

创业动机是推动创业者进行创业活动的精神动力,是创业机会识别的内在动力。只有具备强烈的创业动机,才会积极主动地去寻找和识别创业机会。

（六）个人素质

创业者需要具备良好的个人素质,如诚信、勤奋、耐心、毅力等,这是创业机会的基础。创业者需要具备良好的个人形象和社交技巧,能够与他人建立良好的合作关系,并吸引潜在客户。

三、创业机会的评价

创业机会的评价方法主要有三种,具体如下所述。

（一）定性方法

定性方法主要对下面的内容进行评价:该创业机会是否能够成功,具备哪些成功的条件;在激烈、残酷的市场竞争中,该企业实力是否强劲,相比于竞争对手,是否具有优势明显;公司创立之后核心竞争力是什么;公司目前的发展战略与方向是否与设定的计划一致。

（二）定量方法

根据市场营销规划的最初制定,再从财务角度评价所选定的机会与创业目标是否一致,一般从市场需求量预测、运行成本分析、项目利润分析(图5-5)三个方面着手进行。

（三）阶段性决策方法

阶段性决策方法需要对不同阶段的创业机会进行评价。创业机会能否跨越各阶段的"门槛"，与创业者常常面临的诸如目标回报率、风险偏好、资金资源、个人责任感、个人目标等制约因素密切相关。

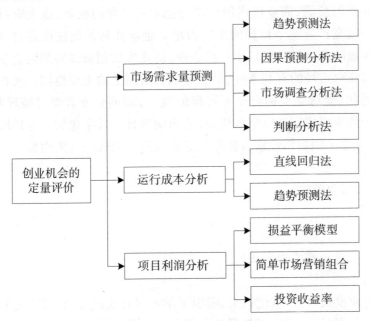

图 5-5　创业机会的定量评价方法

第四节　创业的商业模式

近年来,在各个国家创新创业政策的激励下,越来越多的企业投身于创业环境中,开启创业之路,一股创业热潮在世界范围内扬起。因此,创业成为世界各国经济发展的核心议题,许多国家将其视为降低失业率、促进社会进步的强动力。放眼国内,政府对新创企业的扶持,激发大批企业家们的创业热情,促使企业注册数量大幅度提升。尤其是互联网时代,大批传统企业被推翻,不再拘泥于静态的均衡模式,如拼多多打造了"社交+电商"新模式,小红书的诞生颠覆了以往的生活分享方式,越来越多的企业不再囿于传统的商业模式,而是重新改进,借助已有的资源实现内生性增长,打造独特的成长方式。当前,我国正在进入经济发展新常态,创业创新是国家赢得未来的基础和关键,而商业领域的市场环境变幻莫测,商业模式创新作为企业最本源的创新,成为应对复杂环境而改变产业竞争格局的中坚力量。企业在初创期往往需要设计与推行新颖的商业模式以抗衡在位企业,商业模式创新能够帮助企业维系生存和获取市场的有利条件,是企业成长道路上的主要枢纽。现在是信息化时代,老牌企业拥有坚不可摧的地位,新创企业若要打破现状,亟须进行商业模式创新以争取优势,从而应对日益数字化的商业环境。因此,在大学生创新创业素质教育中应重视商业模式的有关内容。

一、商业模式

(一)商业模式的定义

商业模式自 21 世纪以来,吸引了学术界和实践界的关注,尤其是如今的大数据时代,引发了学界与业界对商业模式问题的深思。商业模式类似于一种商业机遇,刻画了企业为了商业契机设计新的价值结构、交易方式和管理体系。商业模式(Business Model Innovation)被认为是超越行业边界,各个要素互相依靠的价值体系,还是价值获取和收益模式的架构。相关研究指出,商业模式是创造利润流的活动,能够通过技术变革满足消费者的需求,吸引消费者的注意,从而连续缔造经济价值。

商业模式是一个公司满足消费者需求的系统,它组织和管理公司的各种资源,以及消费者自己负担不起的产品和服务(变量)。因此,它具有能够复制自己而不被他人复制的特性,或者在复制市场上占据主导地位。

(二)商业模式构建要素

商业模式要素是形成各种商业模式的基础。国外学者亚历山大·奥斯特瓦德（Alexander Osterwalder）和伊夫·皮尼厄（Yves Pigneur）较为全面地归纳了商业模式的要素,提出了商业模式的九大要素,对商业的全过程进行了系统分析,涵盖了所有的商业行为。本书基于商业模式的九大要素,并根据大学生创业的现状和问题,总结出学生创业商业模式的要素分为四个模块:价值发现、价值转移、价值实现和价值维护,具体组成见图5-6。

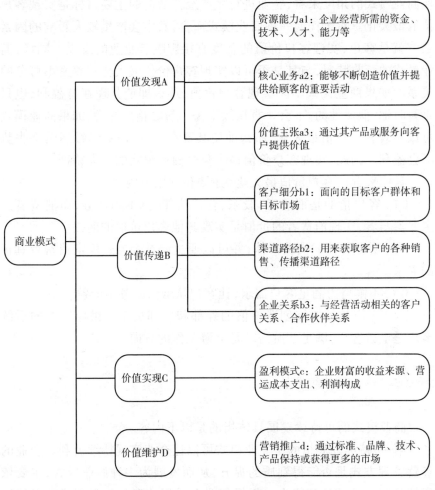

图5-6 商业模式构建要素

二、商业模式的特征

（一）实现客户价值最大化

一个创业企业进行生产经营活动的最终目标是实现利润最大化,若从商业模式的角度来看,企业进行生产经营活动的主要目标是实现客户价值最大化。对于任何一种商业模式而言,其中会产生较大影响的因素之一就是客户,实现客户价值的程度直接影响着企业的发展。同样,商业模式的营收状况,与其是否可以实现客户价值最大化有着密不可分的关系。如果商业模式不能实现客户价值,那么即使其现在有盈利,也只是暂时地、偶然性的,不会一直持续下去。与之相反的是,如果商业模式可以实现客户价值最大化,那么即使其现在没有盈利,继续运营下去势必会盈利。因此,实现客户价值最大化是商业模式的一大特征。

具体来看,"客户价值最大化"主要包括以下内涵:

（1）客户指的是消费者、股东、合作伙伴、员工和社会,而消费者是主要参与者,实现消费者的价值是实现其他客户价值的前提。

（2）明晰具体的消费群体,并可以通过调查等方式确定消费者真正的需求。

（3）不懈努力满足客户需求,让客户从增值服务中受益。

（4）客户包括能够创造价值的外部和内部员工。供应链中的后续客户是上游客户,满足下游需求是上游工作的方向。

（二）追求可持续发展

商业模式的可持续发展具体指的是以下内容。

第一,持续发展指的是商业模式可以让企业实现持续盈利。企业的经营管理方式是否能得到质的提升,从而发展为一种商业模式,主要依靠的是它持续的盈利能力。如果创业者采用的经营管理方式可以持续地创造利润,那么随着企业规模的不断扩大,其内部的组织结构和经营管理会被其他企业争相借鉴,进而形成一种商业模式。研究人员经常通过企业是不是可以持续盈利来评判其采用的商业模式的效果。这为商业模式的设计提供了一个很重要的考虑因素,即是否盈利和怎样保持持续盈利。持续盈利对商业模式提出了两点要求：其一是可以为企业带来利润，达到盈利的目的；其二是能够保持发展劲头，持续进行下去，并不是一段时间内的盈利。

第二，持续发展指的是商业模式的持续创新。在企业正常经营期间，商业模式是企业能够得以运行的前提条件，应将选择合适的商业模式放在重要的战略位置上。商业模式具有持续盈利的效果，其主要原因是企业在该模式下可以进行持续创新。成熟的商业模式能够依靠持续创新取得持续的竞争优势。创新的具体内涵包括技术革新，还包括生产环节的改造，或对之前的商业模式的改变。在企业经营的所有过程中都可以进行产业模式的创新，如企业资源开发、研发模式、制造方式、营销体系、市场等各个环节，对这些环节的创新都有机会发展为成功的商业模式。

（三）系统化组织

商业模式是一种系统化的组织，它描述并简化了公司的真实情况。旨在创造和实现其价值主张，特别关注企业生产和管理的各个方面。

（四）资源整合

一个成功的商业模式能够实现资源整合，对资源进行合理分配，使整体获得最优价值。

从战略思维方面来看，资源整合属于系统论的一种思维方式，利用组织协调的方式对企业的内部和外部的资源进行整合，具体包括，企业内部将有一定相关性但彼此独立的职能整合起来，企业外部将参与企业发展的且有各自独立的经济利益的合作伙伴整合起来，成为一个服务于客户的系统。

从战术选择方面来看，资源整合是对配置加以优化的决策，综合考虑企业的发展布局和市场需求来重新配置一系列的资源，充分发挥出企业的核心竞争力，使资源配置和客户需求能够平衡发展，最终依靠一系列制度措施和管理协调方式使企业在市场上占据更强的竞争力，同时保证客户服务水平处在较高的层次。

（五）高效率的组织管理

对于任何一家创业企业来说，高效率的组织管理模式都是其最希望达到的管理效果。成功的商业模式除了具有以上几个特征外，还有助于企业进行高效率的组织管理。根据现代管理学理论可知，企业为了实现高效率的管理，应从以下几方面着手。

（1）确立企业愿景、使命和核心价值，为企业的生存、发展提供动力。

（2）建立科学、可行的生产、运营和管理体系。

（3）使用科学合理的激励方案，让员工能够体会企业取得成果带来的成就感，增强员工的积极性。

一个成功的商业模式能够很好地兼顾以上几方面，进而提高组织管理的效率。

三、创业商业模式设计

对于创业者来说，要想利用有可行性的技术创意开展创业，必须为其设计一种能够落地的、有一定竞争优势的商业模式。不少学者对商业模式的设计都形成了自己的观点和体系。Osterwalder 和 Pigneur 的著作《商业模式新生代》中对商业模式的研究较为简洁且有较强的应用性，其中提到了商业模式的 9 个构造块，在设计时应注意以下问题。

构造块1：客户细分
我们正在为谁创造价值？
谁是我们最重要的客户？

构造块2：价值主张
我们该向客户传递什么样的价值？
我们正在帮助我们的客户解决哪类难题？
我们正在满足哪些客户需求？
我们正在提供给客户细分群体哪些系列的产品和服务？

构造块3：渠道通路
通过哪些渠道可以接触我们的客户细分群体？
我们现在如何接触他们？我们的渠道如何整合？
哪些渠道最有效？哪些渠道成本效益最好？
如何把我们的渠道与客户的例行程序进行整合？

构造块4：客户关系
每个客户细分群体希望我们与之建立和保持何种关系？
哪些关系我们已经建立了？
这些关系成本如何？
如何把它们与商业模式的其余部分进行整合？

构造块5：收入来源
什么样的价值能让客户愿意付费？
他们现在付费买什么？他们是如何支付费用的？
他们更愿意如何支付费用？
每个收入来源占总收入的比例是多少？

构造块6：核心资源
我们的价值主张需要什么样的核心资源？
我们的渠道通路需要什么样的核心资源？

构造块7：关键业务
我们的价值主张需要什么样的关键业务？
我们的渠道通路需要什么样的关键业务？

构造块8：关键合作
谁是我们的重要伙伴？谁是我们的重要供应商？
我们正在从伙伴那里获得哪些核心资源？
合作伙伴都执行哪些关键业务？

构造块9：成本结构
什么是我们商业模式中最重要的固有成本？
哪些核心资源花费最多？
哪些关键业务花费最多？

图 5-7　商业模式的 9 个构造块

在创业商业模式的设计过程中,对于以上问题不要求全部考虑,不过,有几方面的问题通常是必须加以分析的,具体包括顾客价值、渠道通路、顾客关系、收入及成本结构等。例如,在现代生活中分布较为广泛的快捷酒店,不论是一线城市还是其他二、三线城市,在街道上都能看到快捷酒店的身影,而多年前并没有这么普遍,人们只能选择星级酒店或是经济旅馆。这两者并没有本质上的不同,只是经济旅馆的软硬件与星级酒店相比有很大的差距。20 世纪 90 年代,法国的雅高酒店集团的酒店品牌———一级方程式酒店,本身的定位就是经济旅馆。为了提高该品牌的竞争力,公司专门全面深入地研究了这些酒店的经营状况,重点考察的问题之一就是人们会因为哪些因素而选择经济旅馆。经过调查得出,它通常包括以下因素:饮食、建筑、大堂、房间大小、服务水平、房间舒适度、床质量、卫生、房间安静度和价格,当人们选择星级酒店时,这些因素也很重要,但最终选择经济旅馆的人主要考虑的还是安静的睡眠环境和价格。在这种情况下,人们对其余因素的要求就没有那么强烈,因此,经营者不用在各个方面都花费大量的资金进行建设。采用这样的经营思路后,一级方程式酒店已经翻新,房间更小,员工更少,酒店大堂和早餐已取消,同时房间里的床更大,床垫也更舒适……顾客不太注重的方面减少投入,顾客注重的方面增加投入,使总成本得到了控制,顾客只需支付差不多一星酒店的价格就可以享受两星以上酒店的服务,给酒店带来了更多的客源。采用这种商业模式不仅使一级方程式酒店的经营状况得到了极大地改善,而且改变了人们对酒店的普遍看法,快捷酒店这一模式在酒店行业中迅速地发展起来。最近这些年来,快捷酒店的发展趋势表现为连锁化,建立自我品牌,由企业集中采购各种物资,并尽量压缩成本、提升服务质量。

四、商业模式创新

(一)商业模式创新的内涵

所谓商业模式创新,是基于商业模式的概念及内涵,延伸出各具特色的价值。

随着数字时代的蓬勃发展,仅依靠传统的商业模式赢得竞争优势的局面已经不复存在。因此,商业模式创新逐步成为学者们研究的主要议题,而不同研究领域的学者对其内在含义有不同的见解。

部分学者从技术创新视角出发,研究技术创新的学者们认为商业模式创新中的"创新"源自新思想或者新市场规则。Chesbrough 等认为商业模式创新是一套带有启发式意义的核心逻辑,这套逻辑的重心是把技术创新与商业性应用进行商业结合,从而激发技术创新中可能存在的潜在经济价值。吴晓波和赵子溢也表示技术创新与商业模式创新应该是相互协同和相互促进的关系。

还有部分学者从战略视角出发,认为商业模式创新的过程实际上是组织变革的过程。Maekides 表示商业模式创新代表了一种颠覆性的战略变革行为,试图利用重塑顾客需求、更新交付手段或者开发新产品的方式来改变现有的行业假设以及颠覆已有的市场规则。而 Bock 等研究认为商业模式创新不同于产品创新、流程创新等基础业务层面的创新,其代表的是战略层面的一种激进式组织变革创新行为。

从现有的研究成果来看,对商业模式创新内在定义的理解取决于研究者的学科背景和研究视角。本书从自身要素视角界定商业模式创新,具体表现为运用商业模式企业可以引入新的商业逻辑、塑造新的价值架构,帮助企业获取价值的系统性和整体性创新,即为完整的、全体的商业模式创新。

(二)商业模式创新的模式

商业模式创新是对企业的经营方法加以变革。具体来说,主要包括以下几种模式。

1. 改变收入模式

改变收入模式指的是改变企业的用户价值定位以及对应的利润计算方式或收入模型。采用这一模式时,企业应专注于寻找固定用户群体的新需求,不是常规意义上的寻找用户新需求,而是运用更加全面的视角来定义用户的真实需求,简单来说,就是真正地弄清楚用户购买产品是为了进行哪些工作或达到什么目标。用户真正需要的是实现特定的工作内容,而不是特定的产品,而是相应的解决方案。当制定出明确的解决方案后,也就实现了对用户价值的新的定位,进而开展后续的商业模式创新。

以国际知名电钻企业喜利得(Hilti)公司为例,该公司过去都是以向建筑行业出售高端工业电钻为盈利方式,不过,随着全球经济的飞速发展,仅靠出售电钻并不能获得可观的利润。因此,该公司通过进行相关调查研究发现,客户真正需要的并不是电钻本身,而是对电钻的有效使用。该公司立刻改变了对用户价值的定位,在此基础上改变了过去的商业模式,由硬件制造商转型为服务提供商,并对盈利模式做出了调整。

2. 改变企业模式

改变企业模式指的是改变企业在具体的产业链条中所处的位置以及负责的具体工作。具体来说,对价值定义中"制造"和"购买"的占比进行调整,一部分通过该企业自己制造,其余部分从合作者那里获取。具体的实现方式主要是利用垂直整合策略或出售、外包。

以谷歌为例,当其意识到大众获取信息的方式已经发生了很大的变化,从桌面平台到移动平台,旧的商业优势正在逐渐消失时,便采取了垂直整合战略,收购了摩托罗拉手机和安卓移动平台操作系统,转向移动平台,使企业模式发生了转变。

3. 改变产业模式

改变产业模式是一种颠覆性较强的商业模式创新,需要企业对所涉及的产业进行重新定义后,可以转到新的领域或创建新的行业。例如,在亚马逊,商业模式创新包括进入生产链的后端,为各种商业用户提供商业基础设施服务,包括物流和信息技术管理,提供 20 个全球货运中心,并在云计算方面投入大量资金和人力资源,已经发展为提供相关平台、软件和服务的领先企业。

4. 改变技术模式

企业可以通过引入高新技术来驱动自身的商业模式创新,在互联网刚进入大众视野的年代,一些企业通过互联网开始了商业模式创新。从当下的信息技术发展来看,云计算可以说是最具潜力的一项技术,它可以创造许多新的用户价值,进而使企业商业模式创新有了新的发展方向。

　　总体来看,不管使用哪种模式进行商业模式创新,都要求大学生创业者能够深入全面地认识经营方式、用户需求、产业特征及宏观技术环境等因素。

第六章 大学生创业素质的提升

创业不是一件容易的事,在这个过程中,一个人会遇到一系列的挑战和困难。对于大学生而言,想要创业就需要做好各方面的准备工作,从而积极应对即将到来的各种不确定障碍。本章重点探讨大学生创业实践的相关内容,包括创业资金的筹措、创业团队的组建与管理、创业风险的识别、新创企业的管理。

第一节　创业资金的筹措

通常,投资者只会在非常信任的情况下才会将资金投资于项目。由于各种不确定因素和缺乏经验,大学生的创业项目融资将更加困难。当资金短缺时,应以最低成本筹集适当期限和金额的资金;当资金出现盈余时,应以最低的风险和适当的期限进行投资,以实现最大的回报,从而实现资金供需平衡。只有充分认识高校学生融资难的原因,才能解决这一困境。

一、创业融资的流程

创业的首要目的是赚钱,因此,大学生创业者需要了解管理,精通财务管理,并具备一定水平的财务知识。

(一)启动资金的预测

进入初创阶段尽管对资金的总体需求相对较小,但很大一部分资金用于购买实物资源,这可以确保强大的还款能力,直到它们被实际消耗掉。因此,市场风险成为此时的主要风险。创业阶段的大学生对资金的需求比种子阶段的更大,但他们潜在的投资回报风险也在降低。

创业所需的资金数额由多种因素决定,如创业者选择的项目类型、项目规模和企业所在地。让我们以 A 和 B 的投资项目为例进行说明。

(1)投资(固定资产)预测。经过调查研究,A 和 B 决定以租房的方式开设一家定制服装店。目标客户是 40 ~ 55 岁的中年男女,收入从 1000 元到 4000 元不等。通过比较,确定了店铺的位置、面积和租金。关于制作服装的过程,两人已经掌握了成熟的技艺。他们就开店所需购买的物品列出了清单。他们估计的开店启动投资如表 6-1 所示。

表 6-1　启动资金估算

项目	总费用（元）
店铺租金（押一付三）	16000
装修费	4000
货车 1 辆	20000
电脑 1 台	3000
电话 1 部	200
打印机 1 台	1000
桌椅 4 套	1200
服装模型 20 个	1000
样品 2 捆	3000
办公用品	50
广告传单费	400
市场调研费	250
水电费用	600
总计	50700

在创业之初,没有必要在推广上花很多钱。通过推广产生实际效益需要很长时间。例如,购买原材料和销售用于生产的商品,支付工资、租金、保险和其他费用。经 A、B 服装店初步估算,流动资金需求量见表 6-2。

表 6-2　流动资金估算

项目	总费用（元）
店铺 3 个月租金	12000
借款利息	750
汽油费	300
促销费	300
办公费	110
电话费	90
水电费	100
总额	13650

根据上述估算，A、B 的服装店需要流动资金 13650 元。

注意：

①当流动资金准备就绪时，它可以平静地处理各种费用的支付。预测营运资金需求的准确性越高，用于储备的营运资金就越少。

②在创业的早期阶段，创业可能会遇到各种问题，可能急需流动资金。为了有一个更准确预算，大学生必须制订一个具有一定灵活性的现金流计划，并进行必要的修订，使其尽可能准确。因此，这家鞋店创业所需的创业资金总额为：

启动投资 + 流动资金 =51700+ 13650= 65350 元

（二）制订利润计划

进入成长期后，大学生创业的发展潜力开始显现。尽管他们的销售收入增加了，但他们的开支也在不断增加。这一阶段资金需求显著增加，大学生必须在短时间内获得大量资金。由于该产品在市场上已经流行并盈利，并且大学生的运营和管理基本顺利，这一时期的投资风险相对较小。

投资具有较高的安全性和盈利能力。发展成绩好、前景好的创业在市场的成功率也会很高。虽然大学生已经开始创业，但一旦开始运营，企业如何能盈利吗？因此，我们还需要制订一个利润计划。制订利润计划包括的内容如图 6-1 所示。

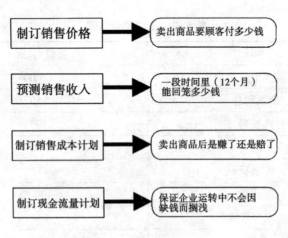

图 6-1　制订利润计划内容

1. 制定销售价格

（1）成本加价法。成本价格是指生产产品或提供服务的总成本。总成本加上一定比例的利润,这就是销售价格。其中,固定成本是指如租金、保险、营业执照等基本不变的成本;可变成本是指如材料费等会随着生产或销售而不断变化的成本。

（2）竞争比较法。一方面,应进行严格的成本核算,以确保定价高于成本。另一方面,比较类似产品的价格以保持竞争力。

2. 预测销售收入

预测销售额和收入是制订商业计划的重要部分,创业的最初阶段,通常销售额不会太高。根据销售预测,根据销售额计算大学生创业的销售收入。以下步骤可用于不同创业的不同销售预测。

（1）列出产品、服务的清单。

（2）根据市场调查,预测一年中每个月的产品销售量。

（3）为产品制定价格。

（4）销售单价 × 月销售量 = 产品月销售额。

3. 制订销售成本计划

有必要计算产品的销售价格、销售额和相关税费,这是为了制订大学生创业的销售和成本计划。

4. 制订现金流量计划

大学生应重视流动资金的管理。

（三）结合发展规划预测融资需求量

创业前必须了解财务指标和报表等财务知识。大学生创业获得资金不仅为创业的进一步发展增添了动力,扩大经营范围和规模,还为风险投资家的退出创造了条件。一些大学生将从接受风险投资转变为新的风险投资市场的投资主体。因此,风险投资实现了一个循环,其规模和实力都有所提高。

根据投融资行业的观察,许多大学生都有这样的心态:如果融资失败,向投资者充分披露商业秘密。投资者在不了解项目细节的情况下很难甚至不可能做出任何决定或声明。此外,以秘密和过度谨慎的方式自我介绍的大学生只会让投资者认为你们在合作中缺乏足够的信心和诚意。创业者在项目前期规划或谈判时,应保持自己的主动性和合作底线。不要为了获得资金而过度出售自己的权益,否则投资者将决定放弃投资。如果在谈判过程中出现这样的问题,只会使所有努力付诸东流。只要大学生在融资过程中注意沟通和谈判技巧,并不断提高自信心,企业的融资之旅将变得更加顺畅。

二、创业融资的渠道

(一)私人资本融资渠道

创业公司如何通过私人资本筹集资金? 一般来说,有几种方法。

1. 自我融资

自筹资金是指大学生将部分甚至全部积蓄投资于成立一家新企业。

创业者应明白,一家公司在创业时需要一定的资金来支付各种费用,然后才能产生一定的收入流。人们认为这些基金是启动基金。创业企业开办资金一般有两种用途:一是经营前费用或投资,二是经营前支出或流动资金。自有资金是指创业者拥有并投资于企业经营的资金。毫无疑问,要维持新创业公司的正常运营,创业者必须将自己的积蓄投入到新企业中。自有资本是创业中最常见的股权融资形式。在创业的早期阶段,创业企业还没有得到充分的监管,技术、市场和管理方面的风险相对较高。利润也不确定,很难获得贷款和投资者的青睐。因此,通过创业者自己的资金,可以驱动创业启动,并使其能够获得后续融资。

2. 亲朋好友融资

家庭和朋友之间的融资是创业融资的一个非常重要的来源,而以创业者为中心的亲属、地理和商业的社会网络对包括创业融资在内的许多创业活动产生了重大影响。这种方法可以快速筹集必要的资金,对于资金需求较小的初创企业来说相对简单,可以省去许多复杂的程序。

使用非个人投资者融资作为为家人和朋友融资的商业方式,有必要规定每个债务基金的利率和还款计划,而不是承诺股票基金未来的股息支付时间。如果我们能像对待其他投资者一样对待家人和朋友,我们就能避免未来潜在的冲突。

家庭成员、亲戚和朋友通常是创业者理想的贷款人,许多成功的创业者在创业的早期阶段都从家人或朋友那里借来了资金。据统计,家庭和朋友是创业者创业的第二大资金来源(第一是自己的资金)。绝大多数创业者依靠私人贷款来创业,因为专业投资机构通常只投资于那些可能快速增长的公司,因未考虑到投资项目的高回报。因此,能够获得专业机构投资的创业者非常少。

此外,创业者在接受投资之前还需要仔细考虑投资对家人或朋友的影响,尤其是考虑创业失败后的困难和艰辛。家庭成员和朋友应该基于他们对投资成功的信心来投资新企业,而不是因为他们认为自己有这个义务。

在这一阶段,除了创业者本身,向家人和朋友借款是最常见的资金来源。他们有一定程度的亲情和友谊,这使他们更容易建立信任感。当然,创业者也应该综合考虑投资的积极和消极影响和风险,以务实的方式对待家人或朋友的贷款与其他投资者的资金。任何贷款都必须有明确的利率和还本付息计划,并且必须就所有融资细节达成一致。

3. 天使投资

天使资本是一种股权资本形式,通常是由个人或非正式风险投资机构进行的一次性前期投资,这些机构在原始项目理念或小型初创公司中积累了财富。天使投资是处于种子期和初创期的初创企业的主要且更有利的融资方式。天使投资是一种风险投资,与其他风险投资一样,为长期股权投资提供附加值。

天使投资者通常有两种类型:一种是成功的企业家;另一种是来自大学研究机构的高管或专业人士。他们希望用自己的资金和经验帮助志同道合、有创业精神和能力的人创业,以继续或完成他们的创业梦想,并投资于他们熟悉或感兴趣的行业,冒着能够承担的风险,获得回报。

天使基金通常是企业家的亲密商业伙伴,他们对自己的能力和创造力有着深刻的信念,因此,天使投资的门槛通常很低。在确定投资收购时,有必要与天使投资者建立协议,包括如何分配利益以及双方的权利和义务。

天使投资平台分为线上、线下和两种形式的结合。线下天使投资平台为投资交流和休闲工作提供了一个实体场所,让投资者能够近距离了解企业家,并在同一天与多个项目和投资者进行沟通。缺点是时间和地理限制使一些项目和投资者无法准确赶上沟通的时间和地点。

4. 众筹融资

众筹是从国外的"Crowdfunding"一词翻译过来的,即大众融资或大众融资,由赞助商、投资者和平台组成。它是指从众筹中筹集资金来支持赞助它的个人或组织的行为。企业家或创意人员向平台提交他们的产品原型或想法,以发起筹款活动,任何有想法的人都可以开始设计和生产新产品。标准化的项目演示和业务规划省去了风险投资家亲自搜索特定信息的需要,而这些信息往往因格式不同而难以找到。目前,众筹这种新的融资形式发展迅速,也是许多年轻创业者获得创业资金的一种流行方式。

(二)机构融资渠道

1. 银行贷款

银行贷款是指企业在一定条件下从银行获得的货币资金,用于按照约定的利率和期限还本付息。银行以一定的成本聚集了大量储户的巨额资金,向符合条件的,随时准备提供各种期限和金额的贷款。银行财力雄厚,因此,创业者最先想到的融资方式就是银行贷款,反映了企业与银行之间的债务关系。

银行在评价贷款项目时,基于"盈利、安全和流动性"的基本原则,被审查的因素通常被称为"6C",即品德资信(character)、经营能力(capacity)、资本(capital)、担保物价值(collateral value)、经营环境(condition)、事业的连续性(continuity)。

借款人是否愿意偿还债务,通常通过审查其过去的信用状况并通过面对面的会议与借款人进行谈判。尽管创业者获得银行贷款存在重大困难,但这并不意味着他们无法获得银行支持。对于创业者来说,对银行贷款的兴趣可以从以下几个方面获得。银行特别愿意在一年内考虑贷款,这有助于及时评价贷款风险和决策未来的贷款计划。

2. 风险融资

风险投资是一种持续的、非流动的股权资本形式,而不是借贷资本。风险资本家投资股权资本不是为了控制一家公司,而是为了盈利。它更喜欢具有良好整体素质和创业潜力的创新者和团队。

一些风险投资公司和合伙企业对潜在投资进行深入而专业的调查和评价;投资标的一般是高科技和高增长潜力企业;在投资的后期,大多数风险投资都投资于非初创公司,而不仅仅是一家公司;二次投资和风险投资可能跨越公司发展的几个阶段,累计投资金额相对较大。

3. 典当融资

典当是一种通过转让实物资产所有权作为抵押品获得临时贷款的融资方式。只要客户在约定的时间内偿还本金并支付一定的综合服务费,典当就可以赎回。创业者不需要提供关于贷款用途的财务报表和解释,不需要审查借款人的信用评级,也不需要询问贷款用途。当铺或银行评价抵押品的现值,并将其乘以贴现率来计算当押金额。与银行贷款作为主流融资渠道相比,典当融资起到了填补缺口、调节盈余以满足需求的作用,并在短时间内努力为融资者获得更多资金。

4. 政策融资渠道

政策性融资也是一个非常有力的融资渠道。政策性融资是一种低成本、低风险的融资方式,常见的政策性融资方式主要是创业扶持基金。

创业基金是针对特殊群体,结合各地实际,设立的鼓励创业的扶持基金。这些群体中的大多数都有强烈的创业愿望。例如,政府将为大学研究生群体、国际学生创业群体、下岗工人、失业青年、返乡农民工、妇女等设立专门基金。经过十多年的运作,创新基金为我国许多科技型中小企业提供了支持。风险投资引导基金有效克服了通过市场配置风险投资的市场失灵问题,特别是通过鼓励风险投资企业投资种子期、初创期等早期企业,弥补了主要投资成长期的一般风险投资企业的不足,扩张阶段和成熟阶段的企业。

第二节　创业团队的组建与管理

一个好的创业团队是企业发展的关键,其成员通常具备高度的专业技能和丰富的经验,有强烈的创业热情和创新精神,能够提供创业企业发展所需的强大动力,能够有效地应对各种风险和挑战。因此,创业者应该重视创业团队的组建和管理,通过有效的激励机制和奖惩措施,激发团队成员的创造力和创新精神,从而推动企业的快速发展。

一、大学生创业团队的组建

在创业的最初阶段,如何组建和管理团队是创业者面临的最大挑战,也是决定企业能否成功的关键因素。组建和管理团队是一个企业人力资源管理的核心,当一个企业拥有具有优势的核心人力资源时,它才更有可能取得成功。

(一)创业团队的组建原则

建立创新创业团队的原则包括明确的目标、明确的权利、互补的能力、责任承诺、宽容和平衡,以及分享共同利益和风险的意愿和使命。在组建创业团队时,需要遵守以下原则。

1. 目标一致原则

企业上下拥有一致的目标,才可以为团队成员提供方向和动力,使他们能够紧密团结,努力形成协同效应。创业公司能否成功,最终是由整个团队决定的,而不是某一个人。企业凝聚力是以团队为基础的,一个好的创业团队中没有个人主义,团队中每个成员的价值都反映在团队整体价值的贡献中。作为团队中的成员应该以团队利益为基础,休戚与共,积极分享,牺牲个人短期利益,以换取团队整体的强大凝聚力和长期成功。只有这样,团队才能取得最终的成功。

2. 精简高效原则

为了降低初创期的运营成本,最大限度地分享成果,在确保创业企业高效运营的同时,应尽可能简化创业团队的组成。一般来说,一个创业团队有 3 ~ 5 人是较合适的。

3. 人员互补原则

理想的合作者要求双方在能力、个性和资本方面具有良好的互补性。每个人都有自己的优势和劣势,这是企业家选择创业伙伴的重要原因。

在一个创业团队中,具备各种才能的人员是非常重要的前提,例如拥有战略眼光的领导者、耐心细致的管理者、内部协调和外部沟通的人才,具备技术和市场方面的专业人士。任何一种才能缺乏的团队都是不健全的。[①] 因此,在创业之初挑选团队成员的时候,应该尽量本着补目前资源短缺情况,并根据目标和当前情况之间的差距找到匹配的成员。这是组建创业团队过程中应该遵守的重要原则,也是一个健全的、能够互补的团队保持稳定的关键。此外,在创建团队时,不仅要考虑成员之间的人际关系,还要考虑他们能力和技能的互补性。

4. 分工明确原则

创业团队中的队员是性格完全不同的,这种最完美的组合就是内外分明。例如,负责设计和生产的人员(内部)与负责销售的人员(外部)合作。企业家通常更倾向于局外人,而创业的理想人选择的是聪明且没有野心的人。如果一个外部企业家选择了一个聪明而有活力的合作伙伴,这两个咄咄逼人的创业者肯定会争取控制权,但控制权只能落在一方身上,从而导致冲突和纠纷。就控制权的归属而言,最适合主体以外的人拥有控制权。

明确分工的最佳状态是,所有工作都对个人负责,没有重叠和重复。每个成员的权利和责任都应该公开透明,有利于降低交易成本,提高组

---

① 陆相欣,许述敏,孙体楠,等.大学生创新创业基础 [J].武汉:华中师范大学出版社,2019.

织效率。需要特别注意的是,在一个团队中,两个核心成员之间不应存在优势和地位的重复,这不可避免地会导致各种冲突,并最终导致整个团队的分散。

5. 动态开放原则

稳定的团队结构有利于创业企业的运营,但没有任何一个创业企业的团队在创建后保持不变。创业过程的不确定性、团队概念和成员能力等因素可能导致团队内部结构的调整,以及团队成员退出或加入的可能性。因此,在创建团队时,保持团队的活力和开放性是很重要的。

6. 权责明晰原则

应以法律文本的形式明确划分创业团队的成员之间的利润分配,明确基本的责任、权利、利益,特别是股权、期权和股息权。此外,还需要明确增资、扩股、融资、资本分散、人事安排、解散等与团队成员利益密切相关的事项。股权分配或投资比例问题是其中最为核心的条款,不仅关系到每个创业伙伴在企业中的未来地位和角色,而且还涉及实质性问题,如创业伙伴之间的利益分配。因此,合作创业需要有明确的账目、完整的程序、签署合作协议,并仔细约定各方的责任和权利。

7. 充满激情原则

创业初期工作量巨大,需要各个成员投入足够的精力。要时刻保持这种状态,就必须保证团队成员充满激情,这是创业团队成功的关键指标。在经历大量的工作,长时间地运行后,无论他们的水平如何,一旦此时对创业生涯缺乏信心,就会陷入一种负面状态,这种状态会传播给所有团队成员。负面影响将是致命的,需要成员之间时刻保持创业热情,这对团队工作的有效性有显著影响。

(二)组建创业团队的步骤

组建创业团队是创业成功的关键之一,下面是组建创业团队的步骤。

1.制订创业策略和目标

创业者需要明确创业的目标和愿景,制订创业策略和计划,包括创业方向、市场调研、竞争分析、商业模式设计等方面。这些步骤是创业成功的关键步骤,可以帮助创业者更好地了解市场和消费者需求,制定适合的商业模式和策略,从而更好地推动创业项目的发展。

2.招募合伙人

创始合伙人是创业团队的核心成员,他们将共同致力于创业项目的发展,制订创业策略和计划,并领导团队推动项目的实施。

3.组建团队核心骨干

创业者需要以创业策略和目标为基础,招募团队核心骨干,包括技术、市场、运营、财务等方面的人才。创始合伙人和核心骨干成员将共同制订创业策略和计划,并领导团队推动项目的实施。

4.建立管理和培训体系

创业者需要建立完善的管理和培训体系,对团队成员进行岗位培训和职业培训,提高团队的整体素质和能力。

5.打造好团队

创业者需要逐步建立完善团队的制度、流程、标准、机制、文化等,打造出一支具有高度凝聚力和执行力的创业团队。

6.制定制度和流程

创业者需要制定完善的制度和流程,规范团队的管理和运营,确保创业团队的稳定和发展。

7.管理风险和变化

创业团队面临着各种风险和变化,创业者需要具备应对风险和变化的能力,及时调整和应对团队面临的挑战和变化。

二、大学生创业团队的管理

（一）创业团队有效管理的途径

创业团队有效管理的途径主要包括以下几个方面。

1.塑造团队文化

共同的文化理念是团队凝聚力的核心。在共同的文化理念基础上，塑造共同的奋斗目标、行为规范，促使成员形成共同的行为准则。共同的文化理念有助于凝聚人心，提高团队成员的认同感和归属感。

共同的价值观是团队文化的核心，是形成共同行为规范的基础。团队成员应该认同并遵守共同的价值观，包括诚信、创新、责任、服务、尊重等，这些价值观可以增强团队成员的凝聚力和向心力，提高团队的工作效率和竞争力。

共同的愿景是团队前进的方向和动力。共同的愿景可以激发成员的工作热情和创造力，提高团队的工作效率和竞争力，为团队的发展指明方向。团队领导者应该制定清晰的愿景和目标，并与成员进行充分沟通和协商，以确保愿景和目标的可行性和可持续性。

共同的行为规范是团队文化的基础。团队成员应该遵守共同的行为规范，包括工作流程、沟通方式、团队纪律等，这些行为规范可以增强团队成员的归属感和责任感，提高团队的工作效率和竞争力，促进团队的协作和发展。

共同的文化氛围是团队文化的重要组成部分，包括文化仪式、文化活动、文化宣传等，这些文化氛围可以增强团队成员的认同感和归属感，提高团队的凝聚力和向心力，提高团队的工作效率和竞争力。

2.优化创业团队的运作机制

优化创业团队的运作机制可以提高团队的工作效率和竞争力，下面是一些常见的创业团队运作机制及其优缺点。

（1）自我管理机制

自我管理机制是一种以自我管理为核心的运作机制，团队成员自主决策、自主管理、自主解决问题。这种机制的优点是可以激发成员的创造性和潜力,缺点是可能导致责任不清、效率低下和缺乏稳定性。

（2）项目管理机制

项目管理机制是一种以项目为导向的运作机制,团队成员按照项目计划和进度进行工作,领导进行监督和指导。这种机制的优点是可以提高工作效率和质量,缺点是可能导致资源浪费和协调不畅。

（3）竞争机制

竞争机制是一种通过竞争来激发团队成员工作积极性和创造性的运作机制,竞争对手之间相互竞争,团队成员之间相互竞争,领导进行监督和指导。

3. 团队精神的构建

（1）确立团队领袖

企业需要具有权威性的主管,创业团队中也需要有明确的团队负责人。有明确的团队成员一起参与创业,也需要提前确认好谁是领导者,谁是最终做出决定的人,当出现利益冲突或严重分歧时,具体由谁来决定。一个成功的创业团队首先需要指定团队领导者,由他们承担起权威主管的责任。在创业过程中,作为团队领导者要随时沟通、协调和激励团队成员,不断提高团队的整体水平,以满足企业成长的需要。

（2）打造团队精神

团队精神是大局意识、协作精神和服务精神的集中体现。团队精神是一种协作精神,它反映了个人利益和整体利益的统一,从而确保了组织的高效运作。团队精神使团队成员能够为实现目标而共同努力。团队精神可以通过团队内部形成的理念、力量和氛围的影响来约束、规范和控制团队中的个人行为。这种控制更持久、更有意义,更容易深入人心。因此,团队精神的建设尤为重要,团队精神建设主要有必要培养团队成员的专业精神。职业奉献是一种积极向上的生活态度,认真做好本职工作是职业奉献最根本的方面。要想成为专业人士,企业家必须有"三颗心",即耐心、毅力和决心。遇到困难不能退缩,情绪低落也不能随便处理事情。没有什么事情是一蹴而就的,仅靠一时的热情和三分钟的热情是做不到的。

4. 创业领导者的行为策略

领导者是整个创业团队的灵魂人物,是整个团队力量的协调者和整合者,其所担当的角色和行为策略对于创业团队的高效运作乃至创业项目的实施具有关键的作用。优秀的创业团队领导者总是有一些共同的特点,我们可以从中学习。

(1)个人魅力

一个优秀的创业团队领导者总是有一种别人感知和认可的气质,这种气质可以微妙地影响他人的情绪和活动,从内心深处产生信任感和敬畏感。这种气质通常包括慷慨和善良、勇气和智慧、承担责任的勇气、处理事情时淡定以及热情和坚韧。

(2)善于决策

成功的团队领导者总是能够从各种复杂的情况中快速准确地找到解决方案和目标,全面、彻底、深刻地识别关键问题,并为团队指明方向。

(3)尊重他人

一个团队领导者越是杰出,他就越懂得尊重下属。他们的尊重体现在愿意听取下属的意见和想法,并提供积极的指导;尽可能满足下属的个人发展需求;以同理心的方式关心下属的工作和生活。

(4)合理授权

有了明确的目标,让下属有能力和权威去做事,并对结果负责,当他们遇到困难时,要站出来帮助他们解决问题。通过授权培养更多的团队领导者,所有杰出的团队领导者都有一个典型的特征:他们愿意在任期内明确培养更多的领导人,而不是下属。最成功的领导者是那些将工作委托给他人,将下属培养为领导者,并将领导者转变为变革者的人。

(5)善于激励

动机不仅可以激发潜能,还是诱因和伤害的结合,但最强大的动机是改变心态,以结果为导向,引导下属将思想和注意力集中在光明、美好的前景上。

(6)重视构架关系

一个好的团队领导者应该重视体系结构关系。生活在社会中,人际关系是个人成长和企业成功的重要条件和资源。关系如同一张网,构成了人、团体和团体、企业和客户、企业和政府、企业和企业之间的互动。任何团队领导者都不能缺少"关系管理"。

(7)高瞻远瞩

成功的企业花20%的时间处理眼前的各种紧急事务,只是为了谋生;把80%的时间留给不那么重要的事情,也就是未来。成功的团队领导者总是能够透过现象看到本质,有细致的洞察力,能够抢占机会,并始终为未来的机会做好准备。

（8）意志顽强

选择创业意味着选择艰难。创业是一场马拉松,一旦开始就无法停止,而它的终点是创业的失败。在创业的道路上,团队领导者奋斗不止,没有必胜的信念和不屈不挠的意志,很难坚持取得成功。团队领导者需要在每个人都失去信心的情况下保持信念,并有决心和号召力在黎明前冲破黑暗。

（9）终身学习

在商业竞争日益激烈的环境下,作为团队领导者要面临很多新的挑战,如及时更新观念和提高技能,这就需要他们能时刻保持终身学习的态度。当下社会衡量企业成功的标准是创新能力,创新来自不断学习。没有学习,就不会有新的想法、新的策略和正确的选择。

（10）家庭和谐

完美的团队领导者经常把家庭比作登山的后备营地。团队领导者明白,后备营地的实力决定了他们"登山"的高度。他们也明白成功的重要性,全面的成功就是成功,家庭幸福使他们的事业无怨无悔地取得成功。

4.创业团队管理的有效机制

（1）建立责、权、利统一的团队管理机制

在团队运作过程中,先要将承担主要任务的人员挑选好。解决这些问题是一个妥善处理创业团队内部权力关系的过程,最终最大限度地减少能力和责任的重复。总体而言,团队管理者应在保持团队稳定的同时,充分发挥团队多样性的优势,充分利用团队成员的互补优势,同时坚持控制权和决策权的统一。另外,能够完美地梳理团队内部的利益关系。在确定利益关系时,要重视契约精神,明确团队成员的利益分配机制;反映个人贡献的差异,关注成员的利益。个人成长机会和相关技能升级等因素也是必须考虑的。每个成员的价值观并不相同,这主要取决于他们的价值观、目标和愿望。有些人看重长期资本收益,而另一些人只看重短期收入和职业稳定。由于新团队的薪酬制度至关重要,而大多数初创公司在创业时的财务资源非常有限,因此,有必要仔细研究和规划整个企业运营期的薪酬制度。同时,薪酬水平不受贡献程度和增加人员数量的限制,确保薪酬是根据个人贡献支付的,而不是因人员增加而减少。

（2）建立有效地激励机制

将人本管理思想运用到创业企业工作实践中,可以加强激励机制,极大地调动员工的积极性和创造性,使各项任务的顺利完成成为可能。实施激励措施的基本方法和主要内容如下:

①形象激励。一个好的单位形象可以形成强大的向心力和凝聚力。只有拥有良好的企业形象,成员才能在所从事的工作中表达成就感和幸福感,增加向心力的作用,从而推动企业各项任务的进展和有序发展。

②目标激励。人们的热情和创造力往往是由于心中有一定的目标,这就是人们行动的动机。在设定目标时,企业应该让员工参与进来,不仅是为了向他们展示自己的价值观和责任,而且是为了在他们实现目标后获得对工作的满足感和热情。

③榜样激励。作为公司领导,在管理工作过程中,尽量将重心下移,把服务基层员工、解决基层员工问题作为工作的出发点和落脚点,做到与员工"三同",即以同样的方式分配任务、以同样的方法评价收入、以同样方式实现奖惩。工作中经常会出现棘手的问题。在这个时候,领导者应该以身作则,带头解决问题。当问题没有解决,任务没有完成时,首先要追究自己的责任,不能推卸责任,以提高员工的责任感。

④竞争激励。当公司员工感到疲惫和懒惰时,有必要制定相关的竞争和激励制度来激励他们,通过竞争最大限度地发挥他们的能力和潜力,不断提高他们的工作水平和效率。在内部竞争过程中,企业内部员工和部门间存在竞争关系,会使员工充分发挥主动性,努力将压力转化为动力,始终将命运与工作责任联系在一起,形成强大的凝聚力。

（二）创业团队管理的技巧

概括来说,创业团队管理的技巧主要包括以下几方面。

1. 凝聚人心

创业团队的成功不仅仅是团队中成员个人的成功,它还包括团队的整体利益和成功。团队成员需要意识到自己的个人利益是建立在团队成功的基础上的,而不是相反。只有当整个团队成功,每个成员才能获得自己的个人利益。因此,团队成员需要齐心协力,共同努力,以确保整个团队的成功。

2. 全局视野

团队中每个人都应该明确自己在团队中的角色和责任,并且要积极参与团队的决策和规划过程。每个人都应该了解整个团队的目标、设计思路和预期目标,并且积极参与到团队的协作中,以实现整个团队的目标。同时,每个人也应该承担自己所负责的部分,并且要保证自己的工作质量和效率,以确保整个团队的成功。

3. 立足长远

创业是一个充满挑战和机遇的过程,团队成员需要具备坚韧不拔的毅力和决心,不断努力和奋斗,以克服各种困难和挑战,最终实现企业的长远目标。同时,团队成员需要不断学习和适应市场变化,不断创新和改进,以适应竞争环境和用户需求的变化。团队成员需要注重团队合作和沟通,以保持团队的凝聚力和士气,共同推动创业企业的发展和壮大。

4. 收益目标

创业者的目标应该是创办一家成功的公司,并使公司不断成长和发展,为股东和员工创造价值。团队成员需要认识到,只有当公司实现了成功,他们才能获得真正的成功和收益。因此,他们需要共同努力,不断学习和改进,以确保公司的成功。

5. 公平分配

对关键员工的奖励以及团队的股份分配设计应该与一段时期内团队成员的贡献、业绩和成果挂钩,以确保公平、公正。具体来说,应该根据团队成员在过去的一段时间内的贡献和成果,包括完成的任务、创造的价值、带来的利润等,来计算他们的奖励或者分配股份。此外,还应该确保每个成员都有平等地获得奖励或者分配股份的机会,以避免任何一个人因为贡献不足或者其他原因而被排除在外。同时,应该建立一套完善的奖励和分配机制,以确保奖励和分配的公正性和透明度,并且能够持续地激励团队成员的积极性和创造性。

6. 合理授权

合理授权可以让每个成员都能充分展现自己的能力和潜力,能够促进个人职业的发展,也可以为团队的发展提供更多的可能性。合理授权可以提高团队的效率和生产力,因为授权可以减轻领导者的负担,让团队领导者将更多的精力放到更为重要的工作上,从而提高团队的工作效率。

7. 团队培训与学习

团队培训与学习是提高团队凝聚力和战斗力的重要途径之一。通过团队培训与学习,团队成员可以更好地了解团队的目标和愿景,增强团队协作和沟通能力,提高工作效率和质量,从而更好地实现团队的目标。

在团队培训和学习中,团队领导者应该明确团队的目标和愿景,确定需要改进的地方和方向,并为团队成员提供清晰的学习和成长路线。同时,团队领导者还应该为团队成员提供足够的资源和支持,确保团队成员能够充分参与体验培训和学习的过程,从而获得更多的收益。

团队培训与学习的方式有很多种,包括户外拓展、研讨会、案例分析、实践操作等。通过这些方式,团队成员可以更好地了解团队的目标和愿景,提高自己的沟通和协作能力,增强自己的执行力和创新能力,从而更好地实现团队的目标。

8. 团队凝聚力建设

建设团队凝聚力可以增强团队成员之间的沟通和合作。以下是一些建设团队凝聚力的方法。

（1）增强团队成员之间的沟通和合作

团队领导者应该鼓励团队成员之间的沟通和合作,提高团队的协作和沟通能力。通过讨论、会议和其他形式的交流,团队成员可以更好地了解彼此的想法和意见,增强团队的向心力和凝聚力。

（2）建立共同的目标和愿景

团队领导者应该建立清晰的团队目标和愿景,让团队成员了解团队的使命和愿景,增强团队成员对团队的认同感和归属感。同时,团队领导者还应该为团队成员提供明确的职责和角色,让团队成员更好地理解自己在团队中的定位和贡献。

（3）提供良好的工作环境和氛围

良好的工作环境和氛围可以增强团队成员的工作动力和积极性。团队领导者应该为团队成员提供一个舒适、整洁和有序的工作环境,鼓励团队成员之间的合作和交流,营造积极向上的氛围。

（4）奖励和认可团队成员的贡献

团队领导者应该建立一套奖励和认可机制,对团队成员的工作和贡献进行及时的认可和奖励,增强团队成员的归属感和自豪感。同时,团队领导者还应该建立一个公平、公正的评价体系,对团队成员进行客观、公正的评价,避免任何一个人因为贡献不足或者其他原因而被排除在外。

第三节　创业风险的识别

创业具有很高的风险,无论是在创业过程中,还是在企业成立后的运营中,都随时面临被市场淘汰的风险。作为一名创业者,应该时刻关注所创建企业的整个生命周期。因此,增强风险意识,识别风险,并采取相应的风险防范措施,是每一个创业者都必须高度重视的。

一、创业风险及其识别

（一）创业风险的特点

创业风险的特点包括以下几个方面(图6-2)。

图 6-2　创业风险的特点

1. 客观性

在创业的过程中,风险是客观存在的,是不以人的意志为转移的,所以说,客观性是创业风险的一个显著特点。

2. 不确定性

创业风险的不确定性是由于多种因素的影响而产生的,这些因素包括但不限于市场需求的变化、竞争压力的增加、技术创新的不断发展、财务状况的波动、人力资源的流失等。这些因素的变化都可能给创业企业带来不同程度的风险和挑战,使其面临着诸如市场风险、技术风险、财务风险、法律风险等多种风险类型。因此,创业者需要在创业过程中密切关注这些因素的变化,并采取相应的风险管理措施,以最大限度降低创业风险对企业的影响。

3. 损益双重性

创业风险不仅会带来损失,还会带来收益。创业者需要在创业过程中认真评价自己的风险承受能力,合理配置资源,适度承担风险,以获得更多的收益。同时,创业者也需要注意防范和控制风险,制定有效的风险应对策略,以最大限度地减少风险对企业的影响。

4. 相关性

创业风险与创业者的行为和决策密切相关。创业者的决策和行为会影响到企业的创立、运营和管理等各个方面,包括市场定位、产品开发、资源配置、财务管理、人力资源管理等。因此,创业者需要根据自己的创业经验和能力,合理评价创业风险,制定科学的创业计划和风险应对策略。同时,创业者也需要具备快速适应市场变化和创新的能力,及时调整创业策略和方向,以适应市场的需求和变化。

5. 可变性

创业风险的可变性是指创业风险在创业过程中是可以发生变化的。创业风险性质的变化是指创业风险在不同的阶段和环节中可能表现出不同的形式和影响,如技术风险可能表现为技术失败、技术泄露等,财务风险可能表现为资金短缺、财务困境等。风险后果的变化是指创业风险在不同的阶段和环节中可能带来不同的后果和影响,如市场风险可能导致市场份额减少、利润下降等,法律风险可能导致企业面临法律诉讼、赔偿等风险。出现新的创业风险是指在创业过程中出现了之前没有预料到的新型创业风险,这些风险可能对创业企业产生重大影响,需要创业者及时采取应对措施。

6. 可测性与测不准性

创业风险的可测性是指创业风险可以通过定性或定量的方法对其进行估计。例如,创业产品周期的预测不准与产品市场的预测不准就是定性和定量方法的典型例子。创业产品周期的测不准指的是创业者难以预测创业产品在市场上的受欢迎程度和生命周期,从而可能导致创业企业在产品研发、市场营销等方面出现偏差和失误。产品市场的测不准则指创业者难以准确预测产品在市场上的需求量和竞争情况,从而可能导致创业企业在产品定价、销售策略等方面出现偏差和失误。因此,创业者需要通过科学的风险评价方法和技术,如敏感性分析、情景分析、概率分析等,对创业风险进行定量和定性的分析和预测,以便及时调整创业策略和方向。

总之,创业风险是在创业活动过程中不可避免的,但是创业者可以通过制定相应的风险管理策略,如风险预防、风险分散、风险转移等,来最大限度地降低创业风险对企业的影响。

（二）创业风险识别的步骤

创业风险识别是一个系统化的过程,需要从多个方面进行考虑,包括市场、技术、财务、管理和人力资源等方面。以下是创业风险识别的一般步骤。

1.确定创业目标和商业模式

创业者需要明确自己的创业目标和商业模式,确定创业方向和市场定位。

2.收集和分析市场信息

创业者需要收集和分析市场信息,包括市场需求、竞争情况、行业趋势等方面的信息,以便对市场和创业环境进行深入的了解。

3.评价技术可行性

创业者需要评价所使用的技术、工具和流程是否适用于创业环境,以及技术上是否存在风险和挑战。

4.分析财务风险

创业者需要分析企业的财务状况,评价财务风险和稳定性,制定相应的财务管理策略。

5.识别管理风险

创业者需要识别企业的管理风险,包括管理层变动、组织架构调整、员工培训等方面的风险,制定相应的管理策略。

6.评价人力资源风险

创业者需要评价企业的人力资源状况,包括员工素质、招聘、培训、绩效管理等方面的风险,制定相应的人力资源策略。

7. 持续监测和调整

创业者需要对创业风险进行持续监测和调整,根据实际情况和创业环境的变化及时调整风险应对策略。

二、创业风险的防范

(一)防范创业风险的方法

掌握机会风险的分类,结合风险估计,可以帮助创业者对风险进行防范与规避。风险分类有多种类型,系统风险是由全球性的共同因素引起的,创业者或初创企业本身无法控制或施加影响,也很难采取有效措施来消除。非系统风险是指创业者自身行为的不确定性所带来的风险,是创业者和新企业能够在一定程度上控制的风险,如团队风险、技术风险、企业管理风险、财务风险等。

1. 环境风险

能够对创业产生影响的因素有很多,如市场需求的变化、政治、政策、法律法规的调整,以及突发的自然灾害,这些因素一旦任何一个发生变化都可能给创业者带来致命的打击。例如,国际关系或相关政策的变化可能会给承包商或企业造成损失,宏观经济环境的重大波动或调整可能会导致创业者或风险投资者面临失败。因此,创业者在创业准备阶段必须合理预测和评价未来潜在的环境风险,并提前制定相应的对策和计划。

2. 市场风险

由于市场的不确定性导致的创业失败的因素称为市场风险。在现实市场中,消费者是否会接受新推出的产品或服务,以及确定产品或服务的市场增长率和竞争力,是很难被创业者提前预测的。创业市场大多是有潜力和未开发的行业,市场价格的变化、市场策略的错误、市场供求的变化会给创业者带来一定的风险,这就要求创业者在创业过程中进行充分的市场研究。

市场需求风险是指创业者所创业项目的市场需求量不足，导致创业者无法实现预期的销售收入和利润。市场需求是创业者项目能否成功的重要因素之一，因此，创业者需要深入了解市场需求，并根据市场需求的变化及时调整产品和服务策略，以保证项目的顺利实施。

市场竞争风险是指创业者所创业项目面临的竞争压力过大，导致创业者无法实现预期的市场份额和利润。市场竞争是创业者项目能否成功的关键因素之一，因此，创业者需要制定有效的竞争策略，以保证自己在市场竞争中的优势地位。

市场变化风险是指创业者创业项目所处的市场环境发生了变化，导致创业者无法实现预期的经营目标。市场环境变幻莫测，因此，创业者需要密切关注市场环境的变化，并制定相应的应对措施，以保证自己的经营策略与市场环境的变化相适应。

184

3. 技术风险

创业者在进行技术创新时需要充分考虑技术的可行性和实践性。技术风险主要存在于高科技创业企业中，在产品研发、技术集成和批量生产中，由于探索性技术控制而产生了许多不确定性风险。技术创新距离产品生产存在着一定的时间差，而且也并不是所有的技术创新都能通过实践转化为产品。生产过程中的新技术遭遇障碍后，掌握新技术的企业家极有可能面临失败的结果。与此同时，高科技产品升级的速度、成果转化的短周期、市场反馈、同行业的激烈竞争以及产品设计和工艺的快速更新，往往会导致初创团队花费大量精力和时间努力开发产品、技术或服务。当它投放市场时，发现产品的竞争优势并不明显，甚至很快被取代。特别是在知识经济时代，随着企业家推出一种创新产品，同行或大型企业也有可能推出"模仿创新现象"，这种模仿创新会挤压市场空间。

4. 财务风险

由于资金供应不及时致使创业失败的因素称为创业的财务风险。创业需要大量的创业资本，融资渠道很少。如果创业者不能及时解决问题，就会导致创业受挫。此外，创业需要进一步开展持续的创业活动，失去这种持续的投资能力，创业企业就无法按时按需提供财政支持，最终可能导致创业失败。财务风险是任何创业者都应该时刻关注的，它包括创业期间的融资风险和现金流风险。

5.管理风险

并不是所有的创业者都是优秀的企业家,也不是所有的创业者都有优秀的管理技能。一旦创业者缺乏这两种能力,创业企业的管理就存在巨大差距。创业者开展的创业活动主要有两类:一类是创业者本身是技术人才,掌握一定的技术,但不一定具备管理技能;另一种是创业者思维更活跃,在做生意的过程中往往有新鲜的想法,可以挖掘商机,但不善于战略规划和企业管理。这两种类型的创业者都可能导致企业的管理差距。

管理制度风险是指创业企业缺乏完善的管理制度,导致创业企业政令不畅,容易出现风险事件。创业企业需要建立完善的管理制度,以确保创业企业的正常运转和风险控制。

人力资源管理风险是指创业企业的人员配置不科学、激励机制不合理、工作作风不严谨等问题,导致创业企业内部消耗巨大、员工流失,给企业带来损失。

营销管理的风险是指创业企业的营销策略不合理,营销人员的管理不到位,导致产品滞销,给企业带来损失。创业企业需要制定有效的营销策略,包括市场调研、产品定位、销售渠道选择等方面的措施,以确保产品能够顺利地进入市场,并获得市场认可。

财务风险是指创业企业的财务管理不规范,导致创业企业面临资金流动性风险、投资风险等问题。创业企业需要建立规范的财务管理制度,包括财务核算、资金管理、融资等方面的措施,以保证企业的财务安全和可持续发展。

(二)创业各个阶段风险的防范

1.创业启动阶段风险来源及防范

(1)创业启动阶段风险来源

①仓促上阵。从创业过程来看,一家公司创建之初,除必须完成大量的工作,还必须办理许多准备事项。在创业的早期阶段,面对很少客流量的时候,也要有必要的心理准备。因为想在相对较短的时间内为公

司带来利益和利润,这是不可能的,而且在这个时候很可能会失败。

②创业团队内讧。创业团队的内讧通常经历三个阶段:第一阶段是创业企业在看到任何利益之前,主要围绕股权障碍;进入第二阶段,创业企业一旦取得进步,就开始争夺地位、权力和利润;到了第三阶段,当创业企业开始盈利并蓬勃发展时,它开始卷入纠纷并进行殊死搏斗。最后,这家创业企业也灭亡了。

③市场分析不到位,资源缺乏。对创业机会的评价,发现创业想法没有足够的市场潜力,或者在创业前对市场的估计不正确,那么整个创业企业就会失败。还有一些创新产品虽然有用,但由于价格昂贵,可能无法提供。事实上,一家创业公司在进行足够数量的购买之前不会有资金回报。因此,对创业者来说,充分估计最初的资本需求和资本回报时间很重要,这将有助于公司克服最初的困难。

④计划模糊。当一切都有计划时,它就会坚持下去,当没有计划时,就会放弃。机会总是青睐那些有准备的人。不正确或不明确的计划可能会给创业者带来困难,尤其是在关键步骤和环节不明确的情况下,失败也会在所难免。

(2)创业启动阶段风险防范

风险和回报是相互的,但高风险并不一定就会带来高回报。要想降低创业初创阶段的风险,最大限度地提高创业的成功率,核心是以人为本。

①严格筛选项目。创作者应尽量选择自己熟悉的行业,保持地理位置上相对较近性,以便于沟通和联络。与此同时,根据不同的项目,在内外部环境的范围内,积极地进行信息收集、访谈和论证,对其详细地评价,进行深入的投资可行性研究。

我们知道,在创业企业的初创阶段所要面临的技术和市场风险要远远高于其他创业阶段,因此,作为创业者,应将创业项目的选择放在至关重要的位置上。

②有效保护商业机密。保护创造力本身是极其困难的,只能通过寻求一些有效的方法来保护创意的资本属性,确保创业者和以创意为基础的创业者家的利益,并允许投资者做出有利于自己商业理念和技术含量的适当股票安排。例如,版权保护。许多产品往往达不到专利申请标准,但它们是由企业或个人付出代价设计的。企业与员工除签订劳动合同外,还应签订保密协议和横向竞业限制协议;在创业企业投资研发之

前,有必要明确知识产权的所有权。

③选择最合适的创业伙伴。选择最了解的合伙人来创业,并清楚地了解他们的长处和短处。

创业伙伴不应将朋友关系与家庭关系混为一谈。如果是友情、婚姻等家庭关系,几乎宣告着创业团队走不远。如果你选择了纯粹的朋友关系,不要让伴侣的家人半途加入创业团队。

创业团队最好有一个权威人物,或者灵魂人物。当每个人都有不同的意见时,权威人物可以定下基调,防止每个人犹豫不决。

④密切关注资金风险和技术风险。资金风险通常是创业初创阶段的"生命线"。首先,有必要仔细规划首次启动所需的融资或投资金额。其次,持续融资能力也是企业必须考虑的。在创业企业的运营过程中,长期缺乏资金支持,很可能会使整个项目流产,甚至导致企业面临倒闭的风险。通常我们将它称为企业的"最后一口气"。基于这一点,创业者应提前考虑融资方式,并在紧急情况下建立快速融资渠道。

⑤注重建设营销队伍。初创企业必须招聘既有营销技能又有技术知识的营销人才,建立强大的营销团队,即必须拥有正确的营销理念和最佳的营销策略。此外,在引入期内,需要考虑产品是否能被消费者接受,以及如何降低流通成本和促销费用,从而减少损失,增加利润。

⑥采用迂回战术竞争。在创业的起步阶段,与他人竞争不应进行正面或阵地战,而应采取迂回战术,做别人不敢做的事,做别人不想做的事;要学会规避风险,我们应该加强对一些风险过高的方案的规避,避免不必要的风险。例如,所有创业活动都应在国家相关法律法规允许的范围内进行,并利用法律法规保护其合法经营;避免风险还需要拒绝与不可信的制造商进行商业交易,并立即果断地停止在启动阶段发现的问题。

2. 创业成长阶段风险及防范

(1)成长阶段风险来源

①盲目冒进。当初创公司开始成形并取得小成功时,许多公司很容易被他们所创造的地区知名度所淹没,有时甚至觉得自己无所不能,不顾实际情况扩大业务并盲目地多元化发展,探索超出其能力范围的大市场。如果摊位太大,且对新业务了解不多,那么不可避免地会出现错误,侵蚀公司的利润,不断扩大不相关的行业往往导致资金链崩溃和破产。

在取得巨大成功后，从这样的失败中可以吸取许多惨痛的教训。

②用心不专。一家生产啤酒的公司，觉得碳酸饮料能赚钱，于是开发碳酸饮料，后来改为生产柠檬茶。"一种果汁，另一种果汁"，这不是产品系列化，而是"一只熊折断了一根棍子，手里只剩下一根"。这从一个品牌变成了另一个品牌，失去了公司努力打造的品牌和形象，也失去了最重要的核心竞争力。

③小富即安。人们常说：你以前在做什么，将来想做什么。如果在服装行业混了几年，想自己投资做点什么。那么在选择一个项目时，服装总是必不可少的。因为我们不仅知道服装可以赚钱，而且对市场相对更熟悉一些。

④家庭压力。在创业取得初步成功后，现阶段的创业者比以前更忙、更累，没有时间照顾家人。因此，家庭压力开始增加。在创业的快速发展阶段，创业者必须认真考虑和解决家庭管理危机问题。

（2）成长阶段风险防范

①完善组织架构，规范公司章程。在创业过程中创业者只能应对各种市场机会，但并不是有计划、有组织、有明确定位地开发和利用他们创造的未来机会。在对公司的组织结构进行设计时，创业者可以选择使用一些非常规技术，设立多个管理职位吸引员工，激励他们的积极性。

②建立风险责任机制，趋利避害。初创企业者应该持续地对风险控制目标体系和风险报告制度进行改进，在风险责任机制中，可以明确出与之相对应的责任主体，让每一项风险管理工作都有与之相匹配的人才。

此外，还应学会减少和转移风险。对于不可避免的风险，应努力进行分解和转移。例如，尽可能多地外包高风险项目。对于高风险的投资或商业活动，可以将项目划分为许多小项目，然后将高风险但可接受的部分转包给他人，以分享利益和风险。

③网络人才，完善激励机制。在创业取得初步成功后，创业者将重点放在未来更重要的事业上，而员工现在更关注他们的既得利益。如果处理不当，创业者将被指责为"与他人休戚与共"，并将承受巨大的情感压力。建立一套有效的激励机制，不仅可以保护老员工的既得利益，还能吸引更多的新员工。

④发展核心竞争力。公司可持续发展的关键是保持竞争优势。创业公司必须选择、培养并不断发展其核心能力，以实现和保持竞争优

势,这些资源组合的复杂性往往会使竞争对手难以模仿,从而使创业企业能够建立竞争优势,成功实现规模扩张。核心能力也被称为核心专业知识。为了培养和发展核心能力,创业者必须找到自己的核心专业知识,然后在这一核心专业知识上与他人竞争。

第四节　新创企业的管理

一、新创企业的财务管理

(一)财务管理的概念

财务管理是在一定的整体目标下,关于资产的购置(投资)、资本的融通(筹资)、经营中现金流量(营运资金),以及利润分配的管理。财务管理是企业管理的一个组成部分,它是根据财经法规制度,按照财务管理的原则,组织企业财务活动,处理财务关系的一项经济管理工作。简单地说,财务管理是组织企业财务活动、处理财务关系的一项经济管理工作。

(二)财务管理的具体内容

具体来说,财务管理包括以下几方面内容。

1.财务决策

(1)掌握资金运动规律

创业者应了解资金的来源和用途,以及资金的运转周期和速度。只有掌握了资金的运动规律,才能制定出合理的财务决策。

(2)注意从公司经济、市场经济、产业经济的角度考虑

创业者应从公司的整体经济环境、市场经济环境和产业经济环境的角度来考虑财务问题,以便制定出更加符合实际情况的决策。

（3）对财务问题进行多方面考察

创业者应对公司的财务问题进行多方面的考察,包括财务报表、财务指标、市场数据、行业动态等,以便全面了解公司的财务状况,并做出更加准确的决策。

（4）建立有效的财务管理体系

创业者应建立有效的财务管理体系,包括预算管理、资产管理、投资管理、利润分配管理等,以便对公司的财务活动进行有效的管理和控制。

（5）寻求专业的财务咨询

创业者应寻求专业的财务咨询,以便获得更加专业的财务建议,并制定出更加符合实际情况的财务决策。

2. 财务制度建设

财务制度是公司最重要的规章制度之一,它规定了公司的财务管理方式和流程,对于公司的财务管理和运营具有至关重要的作用。无论公司的规模大小,都应该制定严格清晰的财务管理制度,以确保公司的财务管理规范、透明、合法。

首先,财务制度应该明确公司的财务目标和管理原则,以便于公司的财务管理和决策。

其次,财务制度应该规定公司的财务管理流程,包括财务预算、资金管理、成本控制、收入确认等方面,以确保公司的财务管理符合公司的战略目标和经济规律。同时,财务制度应该规定公司的财务报告和信息披露要求,以便于投资者、债权人、监管机构等利益相关者了解公司的财务状况和经营成果。

最后,财务制度应该建立有效的内部控制和风险管理机制,以确保公司的财务管理和运营符合国家法律法规和公司的内部规定,避免财务风险和损失的发生。

3. 财务战略

建立财务战略是新创企业提高管理能力的重要一环。以下是一些步骤和建议。

（1）明确财务目标和战略方向

在开始制定财务战略之前,企业应明确其财务目标和战略方向。这些目标应该是长期性的,能够为企业带来持续的收益和增长。同时,企业也应该明确其在行业内的竞争优势和核心竞争力,以便于制定合适的财务战略。

（2）评价企业的财务状况

在制定财务战略之前,企业应对其财务状况进行评价,了解其财务健康状况、财务实力和财务风险等方面。评价的重点应该是企业的资产负债表、损益表和现金流量表等财务报表,以便于制定合理的财务战略和规划。

（3）制定财务战略

根据企业的财务状况和评价结果,制定合适的财务战略。财务战略应该包括企业的财务目标、战略方向、财务策略和预算等方面。企业应该在财务战略中明确其资金来源、资金运用和资金收益等方面的计划和策略。

（4）实现财务战略

在制定财务战略后,企业应该按照其制定的财务战略来实现其财务目标和战略方向。企业应该根据财务战略的要求,制定相应的财务计划和预算,并在实际运营中严格执行。同时,企业也应该定期对财务战略进行评价和调整,以便于适应市场变化和企业发展需要。

（5）执行财务战略

为了确保财务战略的有效执行,企业应该建立相应的执行机制,包括财务报告和信息披露机制、内部控制机制和风险管理机制等。企业应该定期对财务战略的执行情况进行评价和调整,以便于及时纠正偏差和调整财务战略。

总之,建立财务战略是新创企业提高能力的重要一环。企业应该明确财务目标和战略方向,评价其财务状况,制定合适的财务战略,实现其财务目标和战略方向,并执行其财务战略,以确保企业的财务管理规范、透明、合法。

4. 资金管理

资金不足是很多新创企业面临的普遍问题。为了加强资金管理,企业管理者可以采取以下几种方法。

（1）制定预算和资金计划

制定预算和资金计划可以帮助企业管理者更好地掌握资金流向和使用情况。预算包括收入预算、成本预算和资金预算等,可以帮助企业管理者明确各项支出的规模和时间,从而有效地控制成本和资金。资金计划则是将资金分配到各个项目中,确保资金的合理分配和使用。

（2）优化资金结构

优化资金结构可以帮助企业管理者降低财务风险,提高资金使用效率。企业管理者可以通过资金分配、资产管理和负债管理等方式来优化资金结构,如通过合理安排债务和投资的比例,降低财务风险。

（3）引入投资

引入投资可以帮助企业管理者扩大业务规模,加快企业发展速度。企业管理者可以通过引入风险投资、私募股权基金等方式来获取资金,从而为企业的长期发展提供资金支持。

（4）控制现金流

现金流对于企业的生存和发展至关重要。企业管理者应该控制现金流的流入和流出,通过现金管理和收支平衡等方式来保证企业的现金流稳定。

（5）加强内部控制

加强内部控制可以帮助企业管理者规范资金管理,防止资金流失和浪费。企业管理者可以通过制定内部控制制度、建立监督机制等方式来加强内部控制,保证资金的合法、合理使用。

5. 成本控制

成本控制对于新创企业来说非常重要。成本控制可以帮助企业降低成本、提高效率、增加盈利。以下是一些新创企业可以采取的成本控制措施。

（1）控制成本预算

制定合理的成本预算可以帮助企业管理者了解其成本支出的大小和方向,从而有效地控制成本。企业管理者可以通过对成本进行分析和评价,制定出符合实际情况的成本预算。

（2）实行标准化管理

实行标准化管理可以帮助企业管理者对企业的各项流程和工作进行规范化管理,减少重复工作和浪费。企业管理者可以通过制定标准化的流程和工作规范,来减少人为因素对成本的影响。

（3）优化采购流程

采购流程对于企业的成本控制非常重要。企业管理者可以通过优化采购流程,来降低采购成本和采购周期,从而提高企业的效益。

（4）加强人力资源管理

人力资源管理对于企业的成本控制也非常重要。企业管理者可以通过制定合理的薪酬制度、培训计划等方式来提高员工的工作效率和质量,从而降低企业的人力成本。

（5）建立成本管理系统

建立成本管理系统可以帮助企业管理者对企业的成本进行全面的管理和控制。企业管理者可以通过引入信息技术等方式来建立成本管理系统,实现成本数据的实时收集和分析,从而及时发现和解决成本管理中的问题。

6. 财务人员配备与素质的提高

财务人员的素质和技能对于新创企业的财务管理至关重要。新创企业应该选择具备忠诚、可靠、专业、精干素质的财务人员,对其加强培训和教育。具体而言,可以通过以下方式来提高财务人员的素质和技能。

（1）定期进行财务知识和技能的培训和教育

新创企业可以定期组织财务人员参加各种财务培训和教育课程,以提高他们的专业知识和技能,包括财务管理、财务决策等方面的内容。

（2）建立完善的奖励和激励机制

新创企业可以建立完善的奖励和激励机制,以激发财务人员的积极性和主动性,从而提高他们的素质和技能。

（3）引入职业经理人制度

新创企业可以引入职业经理人制度,让有经验的财务人员担任高级管理职位,从而提高企业的管理水平和财务人员的素质和技能。

（4）加强团队合作和沟通

新创企业的财务人员需要具备团队合作和沟通的能力,以便与其他部门加强合作和沟通,共同推动企业的财务管理和发展。

二、新创企业人力资源管理

（一）工作分析

工作分析是人力资源管理工作的基础，其分析质量对其他人力资源管理模块具有举足轻重的影响。

1.工作分析的主要任务

工作分析的主要任务如下。

第一，规定职务性质和特征。明确规定职务的职权、职责、工作内容、工作关系、工作时间、工作地点等。

第二，确定工作量。明确规定职务所需完成的工作任务及工作量。

第三，分析工作难度。明确规定职务完成工作所需具备的知识、技能和能力等。

第四，确定工作关系。明确规定职务与其他职位、部门或团队之间的关系。

第五，明确工作环境。明确规定职务所处的工作环境、社会环境和心理环境等。

第六，分析任职资格。明确规定任职者必须具备的教育程度、工作经验、技能和能力等。

第七，提出人员培训和发展建议。根据分析结果，提出对员工进行培训和职业发展的建议。

2.工作分析的步骤

工作分析是一个持续不断的过程，目的是提高工作效率和质量，帮助企业吸引和留住优秀人才，提高组织绩效。工作分析通常包括以下几个步骤。

第一，确定工作分析的范围和目的。明确规定工作分析的对象、范围和目的。

第二，收集工作信息。通过各种途径收集与工作相关的信息，包括职务说明书、组织结构图、职位描述、工作日志等。

第三，进行工作分析信息的整理和分析。对收集到的工作信息进行整理和分析,提取出工作的相关信息,包括职务性质、任务、职责、权力、工作条件、工作量、工作难度、工作关系、任职资格等。

第四,制定工作规范。根据分析结果,制定出工作规范,包括工作职责、工作量、工作难度、工作关系、任职资格等方面的规定。

第五,确定工作规范的适用性。根据工作分析的结果,确定工作规范的适用性,包括是否需要对工作规范进行修订、如何修订等。

第六,发布工作规范。将工作规范发布给相关人员,并对其进行培训和宣传,帮助他们理解和遵守工作规范。

工作分析的结果对于组织和个人都具有重要意义。对于组织而言,工作分析可以帮助组织明确岗位职责、规范工作流程、优化组织结构、提高员工绩效等,从而提高组织的效率和竞争力。对于个人而言,工作分析可以帮助个人明确自己的职业发展方向、提高技能和能力、适应组织和岗位的要求等,从而实现个人的职业发展。

195

(二)员工招聘

员工招聘的基本程序包括以下几方面。

1. 确定招聘需求

人力资源部门根据公司的战略发展规划和人力资源规划,确定招聘的岗位、数量和质量等招聘需求。

2. 制订招聘计划

人力资源部门根据招聘需求,制订招聘计划,包括招聘渠道、招聘时间、招聘预算等内容。

3. 发布招聘信息

人力资源部门通过招聘网站、招聘会、内部员工推荐等多种渠道发布招聘信息,吸引符合条件的应聘者。

4. 安排面试

人力资源部门根据招聘需求和应聘者的申请,安排面试,对应聘者进行初步筛选。

5. 确定录用人选

人力资源部门根据面试结果和岗位要求,确定录用人选,与应聘者签订劳动合同或实习协议。

6. 入职手续办理

为录用人选办理入职手续,包括签订劳动合同、办理社保公积金等。员工招聘的流程和注意事项可能因企业规模、行业、岗位性质和发展阶段等因素而有所不同,但一般来说,员工招聘的基本流程包括以上几个环节。

（三）绩效管理

绩效管理是指通过绩效目标的制定、绩效辅导、绩效考核、绩效改进等一系列过程来实现组织和个人绩效的提升和改进的管理方法。绩效管理的流程一般包括以下几个步骤。

1. 制订绩效计划

明确组织和个人的绩效目标,确定绩效考核的周期和考核指标。

2. 绩效考核辅导

在绩效考核周期开始前,进行绩效考核辅导,帮助员工了解自己的工作任务和目标,明确绩效改进的方向和措施。

3. 绩效考核

在绩效考核周期内,进行绩效考核,评价员工的工作绩效,发现问题,并及时给予反馈和指导。

4. 绩效改进

在绩效考核周期结束后,进行绩效改进,帮助员工分析绩效问题,制订改进计划,并监督执行情况。

5. 绩效反馈

在绩效考核周期结束后,将考核结果反馈给员工,帮助员工了解自己的绩效表现和需要改进的方面,并提供必要的支持和指导。

6. 绩效奖惩

根据绩效考核结果,进行奖惩,激励员工更好地发挥自己的工作潜力,实现组织的目标。

（四）薪酬管理

薪酬管理的目的是通过对员工薪酬的适当管理和分配,提高员工的工作积极性和生产力,同时吸引和保留优秀的人才,从而实现企业的可持续发展。

薪酬管理的核心是通过对员工薪酬的适当管理和分配,建立一套完整、系统的薪酬体系,以激励员工的积极性和创造力,从而实现企业的战略目标。

薪酬管理的内容包括薪酬策略、薪酬计划、薪酬结构、薪酬构成、薪酬分配、薪酬调整等方面。薪酬策略是指企业薪酬管理的总体方向和目标,它决定了薪酬管理的基本方向和原则;薪酬计划是指企业制订的长期薪酬计划,它决定了员工薪酬的增长速度和结构;薪酬结构是指企业薪酬的组成部分及其比例关系,它决定了薪酬的公平性和合理性;薪酬构成是指企业员工薪酬的具体构成及其计算方法,它决定了员工薪酬的具体数额和构成;薪酬分配是指企业根据员工的工作表现和工作业绩,对员工薪酬进行分配的过程;薪酬调整是指企业根据市场环境和企业发展状况,对员工薪酬进行调整的过程。

薪酬管理的重要性在于它可以提高员工的工作积极性和生产力。同时,薪酬管理还可以帮助企业制定合理的薪酬策略,建立有竞争力的薪酬结构,提高员工的满意度和忠诚度。

第七章 课程思政理念下的大学生职业规划与就业指导

从大学生职业生涯规划与就业创业指导工作的现状出发，研究思想政治教育与课程思政在其过程中发挥的作用，探究具体的思想政治教育与课程思政应用策略，帮助大学生在职业生涯规划与就业创业中产生更多的自我认同。

第一节　课程思政理念的提出

课程思政指的是思想政治理论课和其他各类课程与思想政治理论课相辅相成,从而形成协同效应的一种教育教学理念。强调使专业课和思政课在同一频率上发挥协同作用,实现"三全育人",即实现全员、全过程的目标。习近平总书记在"立德树人"大会上提出,要坚持以"立人"为核心,将思想政治工作贯穿于教育教学的全过程,做到"全过程育人,全方位育人",不断开创我国高等教育的新局面。所以,"课程思政"思想是一种把"立德树人"作为基本任务,把"培养什么人、怎样培养人、为谁培养人"作为其教育教学目的的一种思想。[①]

2020 年教育部印发《高等学校课程思政建设指导纲要》,指出全面推进课程思政建设,就要寓价值观引导于知识传授与能力培养中,使各类课程与思政课程同向同行,将现行教育与隐性教育相统一,形成协同效应,构建全员全程全方位育人大格局。[②]

在大学生课程思政教学过程中,由于该科目具有一定的特殊性,所以在教学过程中对于教学方法、教学理念的要求和一般的科目有所不同。课程思政并不只是要求教师在授课工作中只关注马克思等思政科目,还要求大学教师在其他授课活动中能够发挥主观能动性,细致挖掘其他科目中能够起到德育作用的元素,促进德育教育和其他科目的有效融合。在所有的科目中贯穿和落实德育教育,这种教学策略改变了传统德育教育和思政教学工作孤军奋战的情景,扩大了思政教育的内涵,能够充分利用其他科目的各种优势和潜力,推动思政教学质量的大幅度提升,对于我国大学生观念的提高具有十分明显的催化效果。

在我国大学课程教学过程中贯穿课程思政教学理念具有十分明显

[①] 习近平.全国高校思想政治工作会议讲话[N].人民日报,2016-12-09(1).
[②] 谭泽媛.课程思政的内涵探析与机制构建[J].教育与职业,2020(22):89-94.

的作用,不仅能够大幅度提高我国大学课程教学的效果,还能优化大学课程中各个科目的教学模式,对于提高我国大学生的整体素质和知识储备具有十分明显的作用。

首先,在大学创业教育中贯穿课程思政理念能够提高大学生的思想道德品质,使学生能够学习有关德育教育的诸多知识,促进大学生树立正确的人生观和价值观。

其次,有益于学生深度理解马克思主义、毛泽东思想的内涵,大学课程思政教学模式的应用能够将各个科目和德育教育有效地连接在一起,提高了各科目之间的协调性,有益于学生通过其他科目了解思政课程的内涵,对于学生深刻理解和掌握马克思主义和中国特色社会主义思想具有十分重要的促进作用。

第二节　课程思政理念下大学生职业规划与就业的总体形势

就市场用人需求角度来看,职业道德、职业素养等能力成为企业选拔人才的关键,而这些内容是课程思政关注的重点元素,也是职业生涯规划与就业创业指导课程关注的要点,所以促使两部分实现融合,深度挖掘职业生涯规划与就业创业指导课程中的思政元素,在立德树人视域下,引导学生树立正确的就业观、择业观及拥有健康的心理,可以促使学生进一步了解真实的自己,科学规划未来职业发展道路,并用积极乐观的心态面对职场和就业环境。

一、大学生职业生涯规划与就业创业指导课程的基本定位

（一）大学生职业生涯规划与就业创业指导课是人才培养的重要组成部分

2008 年,教育部要求在普通高校开设关于职业发展和就业创业指

导相关课程,该课程自此正式进入高校课堂,成为普通高校开设的通识必修课程之一。该课程主要教学目标是通过课堂教学或实践教学激发大学生关于职业生涯发展的自我主动意识,促进大学生树立正确的就业求职观念,促进大学生运用职业生涯理论合理规划自身发展路径,促进大学生在学习中不断地提高就业能力和职业生涯规划能力。随着全面建设社会主义现代化国家新征程的不断推进,大学生职业生涯规划与就业创业指导课程不仅是帮助学生理清学习思路、合理定位职业发展方向、在一定程度上有效规划未来、有效提升求职技能,也是引导学生将个人职业发展需求与国家社会人才需求结合起来,用实际行动为我们实现强国建设、民族复兴而贡献青春之力,实现大学生职业生涯规划与就业创业指导课程思政建设的真正育人价值。

（二）大学生职业生涯规划与就业指导课是促进职业生涯管理与充分就业的重要保障

党的十八大以来,我国经济社会快速发展,就业结构发生明显变化,尤其是 2020 年以来,行业结构的调整、就业岗位的变化、就业压力的增加,使大学生的就业选择发生了一定的变化,大学生考研升学、考公的比例在上升,慢就业、懒就业的情形在增多,就业的形势更加复杂严峻,解决就业问题需要更加精准的对策。在中国式现代化发展的历史进程中,要实现高校毕业生高质量充分就业,大学生不仅要具备科学应变的底气,也要有增强主动求变的勇气。毫无疑问,大学生职业生涯规划与就业创业指导课程思政建设,是新形势下促进大学生顺利毕业和高质量就业创业的重要推手。在大学生职业生涯规划与就业创业指导课程教学过程中,要把党史、新中国史、改革开放史和社会主义发展史融会贯通起来,用党的百年奋斗重大成就教育引导青年大学生树立正确的就业观、创业观、职业观、发展观。教育引导青年大学生发扬斗争精神,锤炼过硬斗争本领,成就高质量就业创业发展。健全从新生入学教育到大学四年的职业生涯规划与就业创业指导体系,提高大学生职业生涯规划的自我管理能力,提升大学生高质量就业创业的本领砝码。

二、大学生职业生涯规划与就业创业指导课程的现状分析

（一）课程知识点的讲授与价值观的引导相互不搭界

在教学目标设计上，由于对课程思政教学思想和教育理念的认识存在偏差，一些教师对育人的重要性缺乏足够的重视，大多以完成课程教学任务为其主要目的，故而，会将教学目标中课程知识点的讲授与价值观的引导设置成两个相对独立的部分。此外，在具体授课过程中，往往把专业教育与思政教育区分开来进行分别阐释，一部分讲授生涯管理知识、求职技巧；另一部分讲授思政课程内容，更有甚者，直接把大学生职业生涯规划与就业创业指导课程内容讲授成思想政治教育课，严重违背了课程思政与思政课程同向同行、协同育人的根本要求，造成了专业教育与思政教育各行其道、互不搭界的"两张皮"现象。

（二）侧重从课程教学内容以外引入思政元素

每一门课程本身都有隐含的思政育人元素值得挖掘和开发，大学生职业生涯规划与就业创业指导课程也不例外，然而，大部分大学生职业生涯规划与就业创业指导课程授课教师，多是由专职辅导员、专任教师兼职组成，相对缺乏知识的专业性与职业的权威性，他们常常简单地结合自身经验开展教育教学，习惯于侧重从课程教学内容以外引入思政元素，采用嫁接的方式简单进行说教或空谈，该课程内部本身丰富的思政教育资源得不到有效的挖掘和运用。

（三）重宏观视角讲理论轻微观可操作措施

由于部分教师对课程思政的理解不够到位，在贯彻课程思政理念时不够全面系统，教师的教育教学方法往往比较传统，多数采用课程讲授为主方式。课程内容方面习惯采用理论知识讲解、案例分析方式进行，此外，由于对学生的知识结构特点、思维特点、心理特点和责任感使命感没有进行大样本的数据统计分析，导致大学生职业生涯规划与就业创业指导课程思政的实证研究与教学实践并没有太多的可供借鉴的教学

样本呈现,进而导致这门课程缺乏具体的可供借鉴和参考的有效措施。

三、课程思政与大学生职业规划与就业创业指导课程融合现状

高校作为我国社会主义教育体系的重要组成,承担了培养实用型、专业技能型人才的重任,为我国各行各业现代化建设提供源源不断的新生力量。随着教育改革持续化推进,"立德树人""三全育人"成为重点目标。

(一)思政元素浅层化、表面化

当前大学生职业生涯规划与就业创业指导课程已经在多年的实践中积累了丰富经验,尽管由于学生个性、能力、专业水平等差异,同一专业的学生对职业生涯规划与就业创业指导课程的需求也千差万别,从而无形中对课程教师的能力和专业素养提出了更高要求。由于职业生涯规划与就业创业指导课程开展的最终目的是为社会主义事业发展建设提供源源不断的人才,所以塑造学生思想也是其重要内容,这与课程思政的部分观点不谋而合。但职业生涯规划与就业创业指导课程实际开展时,教师出于多种因素考虑,侧重于实用性和效率,更多从专业知识、求职知识及职业规划等方面进行授课,关于思想层面的教育处于次级地位,这种授课形式虽然满足了学生进入社会、明确职业发展道路的需求,但对于学生思想认知、价值观等方面的指导明显存在短板,当前课程中与课程思政的融合和思政元素挖掘等仍处于浅层化、表面化阶段。[①]

(二)思政教育方式单调化

目前,职业生涯规划与就业创业指导课程是高校的就业必修课程之一,在实际施行过程中,多数是以大班公共课的形式进行授课,为了避免学生由于选课失误等问题,学校会默认将职业生涯规划与就业创业指

① 翁祥栋.大学生职业发展与就业指导课程思政:现状、可行性与路径[J].中国大学生就业,2021,23(21):48-51.

导课程设置为通识通选类型课程,再加上实践教学纳入教学计划,职业生涯规划与就业创业指导课程的授课方式发生变化。但具体来看,授课教师多数由负责政教等工作的教师担任,缺乏专门负责相关事务的教师,使得课程的专业程度有待进一步提升,同时由于教师身兼多职,无论是时间方面还是精力方面都无暇专注职业生涯规划与就业创业指导课程建设,根本没有闲余时间去钻研新型授课方式和创新课程内容,这就导致这一课程缺乏创新性,几乎仍然沿袭传统教学方式完成授课任务,单调化仍是其显著特点。[①]

（三）考评考核局限化

当前我国高校的职业生涯规划课程考核评价方式主要是以期末成绩为主,学生的学习情况并没有得到全面、客观的评价;部分高校对于职业生涯规划课程的考核评价标准并不明确。考虑到职业生涯规划因人而异,而职业生涯规划课程以学生期末考试成绩为主的模式,在一定程度上忽略了对学生综合素质和能力培养,不利于教师充分全面地评价学生学习成果,无法针对性地实施职业生涯指导,导致以成绩为主的考核评价方式与大学生职业生涯规划课程的人才培养目标有一定差距。因此,高校应该制定科学合理的考核评价标准,从而促进大学生职业生涯规划教育与思政教育有机融合。课程考核评价标准不仅要包括学生对知识的掌握程度、专业技能和综合素质等方面内容,还应该注重对学生进行思想政治教育和品德修养培养,从而促进大学生均衡发展,培养德、智、体、美、劳全面发展的社会主义建设者和接班人。[②]

（五）课程与专业融合不够

在大部分高校中,职业生涯规划与就业创业指导课程设置的明显不足,导致学生对创业与就业的相关知识了解得不够充分,这样一来不仅

① 李志飞,滕婉蓉.边疆高校大学生职业生涯发展与就业指导课程思政建设研究——以新疆 S 高校为例 [J].中国大学生就业,2021,23（17）:40-44.
② 曹克亮.《大学生职业发展与就业指导》课程思政元素引入与知识体系构建研究 [J].质量与市场,2020,40（17）:124-126.

耽误了与思政教育相融合,更阻碍了学生自主创业和就业的发展。①

如今,虽然有些高校开设了大学生职业生涯规划与就业创业指导课程的内容,但是因为课程体系不够完善,导致有的课程内容作为理论知识出现在教学中,在职业生涯规划与就业创业指导课程更是缺乏相应的实践过程,从而导致职业生涯规划与就业创业指导体系无法满足学生的发展要求。

(六)师资队伍匮乏

在如今高校职业生涯规划与就业创业指导课程教学中,缺乏专业的师资力量,要求教师既要了解思政教育,又能具备职业生涯规划与就业创业指导教育的专业知识,可想而知这一支高素质的教师队伍在高校中是严重匮乏的。② 就目前情况来看,如今在高校职业生涯规划与就业创业指导教育中主要包括以下两类教师:其一是专业的创业与就业指导教师,这类教师普遍具有专业的创业与就业知识,并且具备充分的社会经验,但是缺乏思政教育理念,在实际教学过程中,无法在创业与就业指导中融入思政元素,不能够从思政背景去指导学生进行创业和就业;其二是将思政教师作为创业与就业指导教育的实施者,这类教师普遍具有较为完善的思政教育知识和工作经验,但是对于创业与就业指导教育来说,可能会存在一定的缺陷,再加上职业生涯规划与就业创业指导课程教育具有实践性强的特点,教师缺乏了创业与就业的社会经验,更是无法给学生带来深刻且正确的创业与就业指导。

(六)学生缺乏主观意识

大多数高校学生在学校生活和学习中常常按照学校课程标准进行学习,对未来学习道路的规划和就业方向的确定没有明确的意识,也不知道如何提高自身的综合素质和能力。如果在学习过程中持续保持这种状态,很可能会产生专业发展困惑。为此,大学课程安排更应该从学

---

① 张素薇.应用型高校"大学生创业基础"课程教学中如何融入思政元素[J].文教资料,2021(9):102-103.

② 孟玲,张军民.课程思政融入视角下大学生创新创业教育改革[J].西部素质教育,2021,7(15):76-77.

生未来的长期职业发展考虑，主动引导学生发挥主观能动性，自觉制定未来发展目标，不断要求自身道德素质和专业素养提升。另外，还有一部分学生的学习往往流于形式，许多就业工作计划和安排都没有细化，导致自身发展前景不是很明确。在最终的方向选择上，部分学生缺乏主见、盲目跟风，更多的是按照父母的决定和安排进行就业选择，没能锻炼学生的自主发展能力和主观思考意识，然而许多决定本质上是不适合学生发展的。

（八）教师的课程思政理念较为缺乏

大学教学中对学生进行职业规划往往是辅导员的任务，而其他科目的教师任务则是为学生传授一些专业技能，最终对学生的专业能力进行评判，所以在一定程度上而言，学校内并没有真正专业的思政教师能够帮助学生树立正确的职业发展观。帮助学生掌握正确的价值观、职业观在一定程度上能够有效促进学生就业，也会帮助他们对未来的职业生活进行适应，从而实现其职业发展目标。然而当下教学中并没有过多关注到学生的学习态度，也并未在他们的情感上加以引导，这对于他们的职业发展是不利的。教师不仅需要为学生传授更多的知识技能，促进他们专业能力的提升，还需要不断加强思政教学能力，要认识到思政教育的重要性，以便在今后的教学中引导学生掌握正确的价值观，促进职业发展与社会发展的融合，这也能够帮助学生从长远的角度思考树立正确的职业发展观。不过这一要求也为教师提出了更多挑战，当下教师也应该不断对其教学方式进行创新完善，提高教学能力与教学水平。

五、课程思政与大学生职业生涯规划与就业创业指导课程的合理统筹

（一）统筹好学习理论和深入实践两方面的关系

习近平总书记强调，"思政课要坚持理论性和实践性相统一，用科学理论培养人，重视思政课的实践性，把思政小课堂同社会大课堂结合起来，教育引导学生立鸿鹄志，做奋斗者。"推动思政课和课程思政教育教学改革创新，需要统筹好学习书本理论知识和深入社会实践两方面关

207

系,正确处理"静"与"动"的相互转化关系。广大思想政治教育工作者不仅要让学生能读"万卷书",更要让学生能够行"万里路"。引导青年大学生不能只做"两耳不闻窗外事,一心只读圣贤书"的"读书郎",还要去做"风声雨声读书声,声声入耳;国事家事天下事,事事关心"的新时代好青年。中华文明五千年悠久历史造就了无数值得学习的伟大榜样,特别是中国共产党成立以来,百年奋斗的伟大成就锻造了一支坚不可摧的马克思主义执政党,涌现出一批批值得大学生学习的榜样。[①] 教师在讲授大学生职业生涯规划与就业创业指导课程时,要把这些榜样的人生历程、职业发展与国家民族伟大复兴融合起来,用这些典型的案例教育大学生树立崇高理想、坚持脚踏实地、坚持艰苦奋斗、坚持有始有终、坚持善作善成。教育引导广大大学生学习中华优秀传统文化、马克思主义经典著作、习近平新时代中国特色社会主义思想等,坚持"读原著、学原文、悟原理"相统一,坚持"发现问题、分析问题、思考问题、解决问题"相统一,要在埋头书本中学习领会中国共产党和中国特色社会主义道路取得伟大成就的成功之道。

此外,大学生职业生涯规划与就业创业指导课程是一门实践性要求非常高的课程,而实践教育又是开展课程思政教育教学的重要抓手。因此,在大学生职业生涯规划与就业创业指导课程中融入实践、开展实践是必要的,是全面提升学生思想政治理论水平的重要载体平台,是实现知行合一的关键一环。古语云,"百闻不如一见,百见不如一干",只有深入实践进行调查研究,到老百姓中间去,走一走,看一看,干一干,才能深刻体会中国共产党的伟大和中国特色社会主义制度的优越性,才会对中国特色社会主义道路的光明前景更加期待,才会对中国共产党的英明领导更加拥护。通过大学生职业生涯规划与就业创业指导课程思政教育引导广大青年大学生树立正确的实践观、就业观、创业观,不断增强自身综合能力,为投身强国建设、民族复兴伟大事业做出应有贡献。

（二）统筹好传承创新和教学相长两方面的关系

习近平总书记强调,"办好思想政治理论课关键在教师,关键在发挥

---

① 习近平.习近平谈治国理政(第三卷)[M].北京:外文出版社,2020:331.

教师的积极性、主动性、创造性。"[1] 推动思政课和课程思政教育教学改革创新,需要统筹好传承创新和教学相长两方面关系,正确处理好"教"与"学"的辩证关系。广大思想政治教育工作者要坚持守正道、走正步,要坚持在教学实践中不断创新教育教学方式方法,提高教学效果;要坚持教学相长,既当教师又当学生;要坚持从群众中来,到群众中去,向学生学习,丰富自身的知识内容,优化自身的知识结构,增强自身运用知识体系的能力。

当前,我们正处于信息大爆炸和价值多元化的时代,各种思想观念相互交织,多种文化相继登场,对大学生的思想产生了较大影响,对大学生树立正确的世界观、人生观、价值观造成了多重影响。因此,广大课程教师要在坚持立德树人根本任务的基础上,通过创新教育教学方式方法,拓宽思维视野,采用线上线下相结合教学模式,坚持从课堂走到课下,用大学生听得懂、听得进、愿意听的表达方式讲好中国故事、传递正能量、上好大学生职业生涯规划与就业创业指导的课程思政。大学生职业生涯规划与就业创业指导有利于增强大学生职业规划的意识、合理规划大学阶段的学习生活,帮助大学生树立正确的职业理想和职业目标。进行大学生职业生涯规划与就业创业指导课程思政建设,有利于帮助大学生正确认识个人职业发展与国家民族复兴的关系,增强职业生涯教育的广度和深度,有利于教育引导大学生树立正确的世界观、人生观和价值观,进而为树立正确的就业观、择业观和创业观奠定坚实的基础,有利于拓展大学生职业生涯规划的视域和就业创业指导的效果。[2]

(三)统筹好课程内容和育人元素两方面的关系

习近平总书记强调,"要坚持统一性和多样性相统一,落实教学目标、课程设置、教材使用、教学管理等方面的统一要求,又因地制宜、因时制宜、因材施教。"[3] 推动思政课和课程思政教育教学改革创新,需要统筹好课程内容和育人元素两方面关系,正确处理好"融"与"合"的相互递进关系。从教学内容上进行分析,理清大学生职业生涯规划与就业

---

① 习近平.习近平谈治国理政(第三卷)[M].北京:外文出版社,2020:330.
② 侯士兵,高校思想政治理论课与大学生职业教育初探[J].思想理论教育导刊,2018(2):142.
③ 习近平.习近平谈治国理政(第三卷)[M].北京:外文出版社,2020:331.

创业指导的思政主题,明确课程思路,将章节内容进行串联融合,引入思政育人元素,形成专题研究方法,针对不同章节的主要内容,每一章节设立一到两个专题引入思政案例开展课程思政,形成模块化的教学,促进课程整体育人的联动效应。

大学生职业生涯规划与就业创业指导课程思政的终极目标是帮助大学生明确自身职业兴趣,了解自身性格特点和技能,形成正确的就业观、职业观、创业观,养成良好的职业道德,增强主动就业创业竞争意识,并最终实现自己的人生价值。因此,只有紧紧依托课程思政这个主渠道,从教师个人的"单兵作战"到教师、行政人员、辅导员等"多兵种联合作战",实现向全员、全过程、全方位育人转变。大学生职业生涯规划与就业创业指导课程思政是一项系统工程,职业规划专业教师、学生管理部门、就业创业指导管理部门、教务、科研、思政理论课教师、辅导员等协同配合,一起发力,形成合力。相关教育部门应加强顶层制度设计,提供政策保障,形成"大思政"育人格局,广大教师应增强育人本领,勇于实践创新,共同推进大学生职业生涯规划与就业创业指导课程思政建设迈上新台阶。

第三节　课程思政理念下大学生职业规划与就业指导课程构建的意义

当前,由于课程思政理念的普及,我国许多地区的高等院校开始在其他科目的授课工作中,有意识地挖掘课程思政元素,不仅推动了思政课程教学效果的提升,还使其他科目的教学工作更加有趣,授课效果也大幅提升。其中,有不少学校在课程思政教学模式下,将课程思政理念融入我国大学生职业生涯规划与就业指导课程中,这种教学模式对于大学生职业生涯规划与就业指导课程的教学具有重要的意义。

一、推动"三全育人"理念的普及

在过去,由于受到应试教育思维理念的影响,我国许多地区的大学教师在思政教育中授课策略比较落后,授课方案一般是思政教师和辅导员商量之后确定的,由于教学模式不够先进,学生在授课过程中对思政内容的学习兴致不高,对课程也不够关注。与此同时,在我国许多地区的高校中,高校辅导员任务比较多,不仅需要处理教学任务,还需要管理学生的日常事务,工作职责比较多,对于学生思政课程的规划和设计显得力不从心,所以导致思政课程规范性不足,而随意性有余,教学效果也维持在较低的水平,对于我国高等院校学生思政素养的提升带来了极为明显的抑制效果。课程思政理念在我国大学教育中的普及为我国各个地区思政教育带来了新的思路,将课程思政思念引入我国大学生职业生涯规划课程中不仅改良了我国大学生职业生涯课程的教学模式,还使学生能够主动地去学习思政课程知识,不仅提高了学生的德育素养,还提高了学生的就业观念,有益于实现三全育人的教育目标。

二、有助于提高授课质量

由于各种条件的作用,我国当前每年的大学生毕业数量较多,就业形势不容乐观,许多大学生对找到的工作不够满意,有的大学生虽然有过硬的知识技能,但是在面试过程中表现得并不理想,导致了与优秀的工作岗位失之交臂,还有一部分大学生在步入大学之后由于没有教师的严密监督,缺乏内在的驱动力,不知道自己想要什么,在大学时光中浑浑噩噩,不仅使得自身的知识水平不高,还没有树立科学正确的就业观,常常一毕业就失业,这些都显示了大学生职业生涯规划课程开展的必要性。但是由于一系列因素的作用,虽然我国许多地区的高校都设置了职业生涯课程,但是教学效果始终不够好。这是因为许多地区的大学职业生涯教师在授课过程中只注重知识点讲解而不注重对学生思想的熏陶,导致学生在学习了职业生涯规划知识之后还没能转变思想,仍然没有意识到当前就业形势的严峻性,此外,许多大学职业生涯规划教师在讲解内容时不注重应用科学的教学方法,所讲解的知识点对学生的吸引力有待提高,学生参与的机会有限,使大学生职业生涯规划课程的教学效果并不理想。一些高校会引入一些讲座,如座谈会、企业家演讲、实习等多种活动形式来丰富大学生职业规划的授课模式,也使学生对于职业生涯有了一定认识,但是由于各种活动之间的联系性不足,所以整体效果并不好。把课程思政理念和大学生职业生涯规划课程进行融合有益于从实际情况出发改良我国大学生职业教育的不足,而且还能够推动学生思想素质的提升,在提升我国大学生职业素养的同时,还大大优化了我国大学思政教育的质量和水平,实现 1+1>2 的协同作用,对于培育新时代高素质人才表现出强大的驱动作用。

三、有助于丰富课程内容

社会对人才的选拔侧重点在于职业素养与道德品质,对此,大学生职业生涯规划与就业创业指导课程教学内容需要紧跟时代发展步伐进行合理调整与更新。将课程思政融入该课程教学中,可以对原有的职业生涯规划与就业创业指导工作进行变革与创新,增加课程思政教育内容,有效丰富该课程教学内容。

一是由于课程思政中的中华优秀文化知识、社会主义先进思想、红色文化知识等与大学生职业生涯规划与就业创业指导课程内容相互融合,能够利用丰富多样且与时俱进的课程思政内容指导课程教学,促使课程内容的更新与调整。

二是在课程中融入课程思政教育内容有利于将职业教育与思政教育相互融入,促使二者教育内容的相互融合,在一定程度上丰富课程内容,培养大学生职业素养与思政素养,满足就业需求,让大学生更加从容面对就业,帮助大学生树立正确且积极正向的就业观。

一方面,在原有的大学生职业生涯规划与就业创业指导课程中融入课程思政教育,通过优良的思政教育内容引导学生在掌握原有的就业知识与技能基础上,养成良好的思想品质与素养,促使大学生更好地胜任所学专业技能,培养出更多的高素质、高技能型人才,对此,可以显著提高大学生的就业能力与职业素养,满足社会对高质量人才的需求。

另一方面,将课程思政教育理念与内容融入原有的大学生职业生涯规划与就业创业指导课程中,可以通过红色文化知识、社会主义先进思想等指导学生养成积极奋斗拼搏、勇于创新、吃苦耐劳等优良精神与品质,促使大学生将所学知识与社会实践相结合,形成爱岗敬业精神与责任感,有利于培养大学生的职业素养与就业能力。

四、符合人才培养的需要

通过将思政教育融入大学生职业生涯规划与就业创业指导教学中，能够有效地帮助学生树立正确的价值观以及事业观。

首先，大学生刚刚接触到社会步入工作，多数处于基层的位置，思政教育能够有效帮助学生树立服务地方的意识，也能够培养学生积极奋斗的精神。不过将思政教育融入其中，也需要注意到潜移默化的力量，要将思政与课程真正的融合，慢慢让学生认识到职业规划的重要性，认识到自己未来发展的职业目标。

其次，要关注到院校所在地方的经济发展状况，将教学活动与地方经济相融合，帮助学生将知识与实践相结合，以此来为地方输送更优秀的人才。

五、帮助学生树立就业目标

思想政治教育在不同的人生发展阶段发挥着不同的作用。大学生处于从学校学生向社会角色转变的关键时期，处于人生观、价值观转变的关键时期，必须重视对学生的教育和引导，帮助他们选择合适的发展道路，从而明确就业发展目标，避免职业选择与自身实际情况出现过大差距。不同的就业目标会导致学生的职业生涯规划轨迹产生较大不同，就业目标的确定能够在很大程度上避免盲从性。大学生在思想政治教育环境中会更加明确自身的职业兴趣，能够结合专业性质和薪资待遇做出最适合自己的决定，这也是确立职业目标的目的。

六、有利于实现学生与职业的良好对接

大学生在接受职业生涯规划与就业创业指导教育的过程中，往往会打破之前对自己设定的职业期待和对未来的憧憬。由于在学校内，学生接触社会的机会很少，相对来说，许多学生都缺乏社会经验，对社会各项事业没有足够的认识，如果不对其进行思想政治教育，很可能在这个转变过程中出现对接不好的情况，无法完成从学生到社会角色的顺利转变。在就业指导中纳入思想政治教育，能够帮助学生对职业有更加明确的认识，具有更加积极的就业观念。学生逐渐从幻想中脱离，更加明白

当前所处的现实情况,对职业生涯产生更加明确的认识,从而确定职业发展方向,尽快适应工作环境和社会竞争环境,发挥自己的职业价值,进而实现理想和抱负。

七、有利于增强大学生的主体意识

思想政治教育对大学生职业规划过程中自主意识的培养有积极的作用。学生在接受职业生涯规划教育的过程中,受到思想政治教育的熏陶,更加明白个人理想和社会理想、个人价值与社会价值相统一的关系。相应地,学生在这个过程中也更加明确了自身在专业成长和职业发展中的定位,更加清楚自己喜欢什么、自己的专业能力如何、自己的职业技能能否提升、自己未来应该如何进步等问题。思想政治教育的过程也是帮助学生更多地学会自我思考、自主反思的过程,更是在进步中学会自我接纳的过程。学生在正确思想道德的引导下,能够实现自主意识的提升,运用更强的执行力面对就业环境。

第四节　课程思政理念下大学生职业规划与就业指导课程构建的措施

"课程思政"指的是在社会主义核心价值的指导下,以大学的思想政治教育为主要内容,使专业课和思想政治理论课走在同向同行,形成协同效应,充分发挥每一门学科在课程教学中的功能。在课程思政的概念下,对大学生进行职业生涯规划教育,它需要大学生在大学学习期间,对自己的生活目标和将来的发展方向有清晰的认识,对自己所学的专业有计划、有目的地进行选择,并对自己的职业生涯进行规划。因此,在高校开展职业生涯规划教育,要注重从立德树人的角度出发,结合思想政治教育,做到作育英才,服务社会。

课程思政是一种新的教学理念和教学方法,要求在教学中加强对大学生思想政治教育工作的重视,潜移默化、润物无声地实现新时代高等教育目标。高校应当把职业生涯规划和思想政治教育有机地结合起来,把思政课程作为载体,将大学生作为群体来进行职业生涯规划的学习。各高校要真正关注学生的职业生涯规划,强化对学生的指导和支持,通过开设职业生涯规划课程、建立心理咨询室、开展实习实训等多种途径提高大学生职业生涯规划能力。

一、修改课程思政标准,树立指导就业目标

在我国高等教育中,教学大纲都对科目的教学要求、教学方式、教学地位以及教学任务进行了设置,教学大纲是高等院校教师在授课活动中的灯塔,能够使大学教师根据相关标准有针对性地开展授课工作。所以,为了使课程思政理念更好地融入大学职业生涯规划教育中去,高校的教研室应该意识到课程思政理念和大学生职业生涯课程融合的重要性,根据大学生职业规划教育的内容重新调整教学标准,设置思政教学目标,明确课程思政在大学生职业规划教育中的作用,结合大学生职业规划教育课程的框架规划和设置每个单元的思政教学目标。[1] 在这个过程中需要注意两个问题:首先,要保证大学生职业规划教育不因课程思政的融入而影响其系统性和完整性,保证大学生职业生涯教育质量不会因此而受到影响。其次,要在教学过程中实现二者的相互促进,相辅相成,实现协同作用,发挥出两者的优势。[2]

以"课程思政"为核心,以课程内容为导向,在此基础上,将其纳入学科基本任务,并将其与学科的知识结构紧密结合,以科学、合理的方式加以完善,使其更加系统化和标准化。在修订纲要时,要坚持三条基本原则:一是不妨碍知识传授的系统性和完整性;二是不能因为内容的增多而降低知识传授的品质,要保证课程的教学效果;三是要使高校学生的思想政治教育与高校德育工作的目标、具体工作内容相得益彰。强化职业生涯规划与就业创业指导的教育实用性,思政课程标准与职业生涯规划与就业创业模式的改革和创新相融合,在职业生涯规划与就业创

① 刘源.对大学生职业生涯规划活动课程的思考[J].文教资料,2012(56):160-161.
② 李军雄.课程思政在高职大学生职业发展与就业指导课程教学中的实践探索[J].现代职业教育,2020,6(19):88-89.

业指导课程中,教师要重视改革创新模式,使其教学手段多样化,创新教育效果更好。

二、挖掘课程思政内容,丰富思政就业素材

一方面,挖掘就业指导课程中的思政元素。在大学生职业生涯规划与就业创业指导课程中,包括职业礼仪、就业能力、职业目标确立、职业认知、就业政策与权益等方面的内容,在课程思政理念下,需要对每个章节内容中的思政元素进行挖掘,将其合理融入日常教学中,促使就业指导教育与思政教育同向同行。例如,在职业认知教学内容中,可以利用优良道德品质与社会主义先进思想等思政元素推动二者教学内容的互融。尤其是在培养学生爱岗敬业精神时,可以利用张桂梅十几年如一日地坚守在女子高中教育工作中,帮助 1600 多万来自大山的女孩走出大山,圆梦大学的爱岗敬业事迹,将思政元素与职业生涯规划课程内容有效结合,引导学生形成爱岗敬业精神,树立正确的就业观与价值观。

另一方面,利用时事要闻与榜样案例促进二者教学内容的互融。教师需要及时掌握社会对不同岗位人才的要求与行业岗位最新发展动态,以社会主义先进思想作为指导,善于利用时事要闻与榜样案例促进课程思政和职业生涯规划与就业创业指导课程内容相互融合,将理论知识与实践相结合,不仅有利于培养学生的职业素养,还有利于利用身边的人物事迹感染大学生,让大学生深刻感受就业创业的过程与艰辛,引导大学生形成吃苦耐劳、永不放弃、积极奋斗的精神与品质,做好未来职业规划,提高就业成功率。例如,在职业生涯规划内容教学中,教师可以将"习近平总书记写给高校学生的五封回信"作为教材引入课堂,引导大学生增强责任担当意识。教师可以播放感动中国人物时事要闻与七一勋章颁授仪式新闻等,学习榜样的责任感、爱岗敬业品质、努力奋斗与吃苦耐劳等优良品质与精神,将其践行在未来职业生活中。或者教师可以通过本校优秀毕业生、创新创业取得一定成就的学长学姐现身说法,利用大学生身边人物事迹激发大学生自我管理能力,增强职业素养。

三、优化思政教学教法,创新就业指导方法

在教学方法和环节上要创新,首先要把握新形势下的教学发展规律

和学生的身心特点，把生涩、枯燥的理论融入生动活泼的教学素材中，增强新颖性和时代感。教师要充实教学手段，根据教学目的和要求灵活运用主题讨论、典型案例分析、视频播放，通过演讲辩论、学生展示、汇报、课堂翻转等教学方法来培养学生的课堂兴趣和参与度。"课程思政"要注重教学内容的自然转换，注重教学方法的科学性与合理性，通过启发式、引导式的教学方式，达到"润物细无声"的效果。[①] 创新就业指导方式，教师可以结合案例教学法，多媒体教学法等，将一些最真实的就业故事和感悟融入职业规划与就业指导课程之中，让学生能学习到一些实际的经验，更好地知晓自身的局限和不足，通过反复的实践和总结，培养学生的逻辑思维分辨能力，帮助其更好地理解就业的实际内容。

对教学方式进行改进优化能够有效提高大学生对学习的热情，也能够促进学生自主学习。教师可以采用分组形式来让学生进行自我探索以及外界探索，学生之间相互讨论，在自我探索环节可以让学生彼此了解认识，进一步提高对自我的认知，在外界探索环节，可以让学生自主选择与职业发展有关的话题进行讨论分享，拓宽视野。教师也可以提出一个主题看看学生的想法，这有助于学生积极思考创新，也能够培养学生的应急能力。另外，也要注重时间教学，找到社会上的一些案例，可以选择国家层面的较为宏观的例子，也可以选取与大学生息息相关的一些案例，以此来让学生真正认识到社会职业发展中存在的一些问题，进一步坚定学生的信念。[②] 教师也可以多为学生提供一些校外实践的机会，可以多引导学生去了解各个企业的文化，进一步让学生接触到职业发展。对于大学生感兴趣的一些社会实例可以在课堂上进行分析互动，这一过程中也需要时刻关注到学生的态度想法，用贴近学生生活的方式来开展教学，能够进一步促进学生融入课堂中，巩固所学知识，建立正确的职业观，提高大学生综合竞争能力以及社会竞争力。

教学方式的合理运用是落实课程思政理念的主要途径，传统的就业指导课程教学中通常以理论知识教学为主，辅以讨论法、案例教学等形式开展教学，教学方法还不够丰富，课程吸引力与学生参与积极性还有待提高。对此，利用多元教学方法有利于强化与实现育人合力，培养出

---

① 郝娜.课程思政融入大学生职业生涯规划与就业指导课程的创新路径探索[J].大学,2020（16）:111-112.

② 崔岩,王艳."大学生就业与创业指导"课程思政教学改革探索与实践[J].内蒙古教育,2019（27）:33-34.

与社会无缝衔接的高素质高技能型人才。

（1）任务驱动教学法，教师可以根据教学内容合理设置教学任务，引导学生以任务为导向，通过小组讨论合作、自主查阅资料、自行对知识进行梳理与总结或者寻求教师帮助等途径完成任务。在整个过程中，有利于充分调动大学生的自主学习能力，自主探索任务答案，有利于学生在正确择业观下更加全面、系统掌握职业规划、自我认知、就业能力等方面的知识与技能，帮助学生制定合适的职业规划，并根据职业规划目标针对性地提升大学生职业素养与思政素养，在任务驱动教学中有利于实现全过程育人效果。[①] 例如，教师开展"求职准备与技巧"教学中，可以以计算机科学与应用专业为例，设置该专业需要具备哪些求职准备与技巧的任务，引导学生可以开展小组学习或个人独立完成任务。在学生完成任务的过程中，引导学生学会搜集、分析与利用就业信息，通过思政元素教育引导大学生明确该专业正确的择业观与价值观，掌握求职简历书写技巧、面试准备工作及技巧，明确该专业相关岗位职能与要求等，提高就业率。

（2）线上线下混合教学，在"互联网+教育"发展趋势下，需要利用线上线下混合教学推动课程思政和职业生涯规划与就业创业指导课程相互融合。教师在线上可以通过微信平台、微博、QQ等向学生推送就业指导相关知识、各行各业就业最新动态与政策方针以及学生需要具备的思政素养相关内容。同时，利用互联网平台收集各种课程思政与职业生涯规划、就业指导课程融合教学的优秀课程资源，结合本校实际教学需求进行整理，制作成微视频，并巧妙设置教学模块、作业模块、讨论模块，突破传统线下教学时空局限，促进师生、生生之间相互交流学习就业经验与心得体会，共同探讨未来职业规划目标，有利于增强大学生就业能力与职业素养，有利于强化全员育人效果。

（3）创设情境教学法，可以通过校企合作下的实训基地创设招聘、岗位就职等环节的情境，让大学生亲身体验真实的招聘流程与就业流程。将职业生涯规划与就业创业指导理论知识融入实践中，让大学生明确自身的局限与不足，并在不断的实践实习模拟中培养学生的就业能力、创新思维、优良的职业素养等，确保大学生在职业规划中坚定自己

---

① 李爱国，廖承莎."课程思政"与大学生职业生涯规划及就业指导[J].文教资料，2020（10）：3.

的理想信念与政治信仰,更好地落实"三全育人"要求,增强二者育人合力,推动大学生全面发展,更快更好地适应就业创业要求。[①]灵活运用情境教学法也可以推动课程思政和职业生涯规划与就业创业指导课程融合,情境教学法的重点就是围绕授课内容和学生水平,针对性地设置情境,然后安排学生扮演不同的角色,通过实践体验从而加深对授课内容理解程度的一种新型教学方式。具体来看,职业生涯规划与就业创业指导课程可以通过情境教学法,在引导学生扮演角色、获得真实体验的过程中,将思政元素和职业生涯规划与就业创业指导课程等知识点融合起来,例如在讲解面试技巧时,学生扮演求职者和面试官,模拟真实的面试活动,然后再交换角色,在整体活动中,学生切身体验了面试官和求职者的不同心境,对教师讲解的注意事项有了更深刻的体验,对日后求职提升提供明确指导。在此过程中,教师可以从职业素养和职业道德方面入手,开展思政教育,这不仅契合当前的模拟场景,还可以进一步激发学生的演绎热情,对培养学生的综合素养具有积极作用。

(4)案例教学法。案例教学法在职业生涯规划与就业创业指导课程中应用很常见。在此以创业教育这一内容为例,详细阐述通过常新教学授课形式促进课程思政和职业生涯规划与就业创业指导融合的路径。具体来看,授课最初教师通过多媒体等向学生展示一些成功人士的创业案例,以此吸引学生注意力并作为分析素材,引导学生分析创业中需要的能力和必备素养,并围绕案例挖掘思政元素进行德育,以案例作为指引,学生可以更深入地了解德育内涵和就业指导专业知识,在更深入了解创业的同时培养其树立正确的价值观、择业观等。[②]

四、开展职业实习实训,培养学生的职业能力

大学生职业生涯规划教育应贯穿于大学四年全过程教育中,不仅要加强专业理论知识的学习,还要引导学生在校期间通过实训、实习等途径接触并了解社会,掌握一定的社会实践技能。一是通过组织学生参加大学生就业见习、顶岗实习等活动,帮助学生提前了解各专业的工作环

---

① 谢广明.课程思政理念下的"大学生职业规划与就业指导"课程改革路径探究[J].大众文艺,2021(21):167-168.

② 杨璟.大学生职业发展与就业指导课程思政建设探析[J].铜陵学院学报,2020,19(2):114-116.

境和工作内容。二是通过社会实践、志愿者等活动,引导学生深入了解当前我国的经济发展状况,提高对职业的认知度,树立正确的职业观。三是通过社会实践活动帮助大学生在实践中锻炼自己的职业技术技能,提升职业生涯规划能力,具备较强的职业竞争力。学校可以引导学生积极参加公益类活动,组织学生参与教师科研项目,鼓励学生开展创新创业项目,提高学生的专业知识应用能力、人际交往能力、沟通能力、创新思维能力等。

教师可以多运用一些实际案例来促进学生对思政的认识,如在讲述到职业价值观的过程中,教师可以多引导学生认识到价值观与人生发展之间的关系,选取一些事例能够让学生直观地认识到价值观对未来工作发展的影响。也可以通过一些互动游戏来促进学生的认识,如让学生写下自己的价值观并进行分享,让学生充分认识到价值观的多元化,同时鼓励学生坚定地朝着自己的目标发展奋斗。另外,在日常教学过程中,可以多选取一些思政素材来帮助学生学习,不仅仅要让学生树立正确的职业发展规划,同时也要让他们了解到坚持的意义,加强对学生的精神引导。

五、建章立制思政教育,明确规范就业指导职责

"三全育人"的教育思想已经在教育界形成了普遍的共识,而要使这个观念得以落实,必须有一个制度保证。在"大思政"模式下,高校必须充分认识和把握"课程思政"与"思政课程"之间的联系和差异,并从顶层设计、细化具体规定、职责、目标等方面进行细化。高校应结合本专业的特点,制定"课程思政"的相关要求,并将其融入教学大纲、教学目标和方案之中,以制度的形式对"课程思政"进行规范,使其具有一定的规律性。[①] 为使高校毕业生的职业生涯规划与就业创业指导教学改革得以实施,必须充分运用健全的思想政治教育制度,依据教育章程,对就业指导方针进行明确的规范,并遵循课程思政的思想。通过对高校毕业生职业生涯规划与就业创业指导课程改革的指导作用,可以使其转变职业生涯规划与就业创业指导的思维方式,提高对素质教育的认识,加

---

① 李姝慧,郭玉凤.心理资本视域下大学生职业生涯规划能力提升研究[J].中国大学生就业,2022(19):57-64.

强与课程思政的衔接。突出大学生的专业素质和专业素养,使其在工作中实现自己的理想,实现自己的职业价值。

学校内对于学生的教学都需要围绕着学生的成长来进行,所以在课程中融入思政也需要考虑到学生是否能够接受这样的教学方式,在教学中需要多参考学生意见,及时获取学生评价,完善教学方式。对于不同类型的学生来讲,对于课程适应能力以及自我观念都有着较大的不同,教师在教学过程中需要考虑到每一位学生的想法观念,以此来保证思政的教学质量,同时也要选取合适的时机来促进思政教学。例如,在与学生讲解当下的就业形势过程中,要对当下的经济全球化有更多的认识,可以对国内外的就业形势加以对比,让学生能够客观看到我国就业中存在的一些问题,同时也要让学生对我国经济有更多的认同感,提高信心。[①]另外,提到职业发展,也需要多从国家发展来进一步引导学生认识到个人发展与国家发展的紧密性,如可以通过一些西部计划等活动来引导学生做一些对国家有益的事情,拓宽学生视野,做好个人规划。教学过程中也需要时刻围绕学生所在专业来设置合理的教学内容,促进课程思政不断发展,促进大学生全面发展。

六、提高思政教学质量,加强就业指导教师队伍建设

为了确保课程思政与大学生职业生涯规划与就业创业指导课程有效融合,并落实到实践教学中,还需要发挥出教师的组织者、引导者的教学职能。对此,需要加强师资队伍建设,提升教师的思政教学能力与教学成效。[②]一方面,加强对教师的培训。学校可以利用专题讲座、学术交流会与研讨会、就业分析会等活动专项开展教师培训工作,或者采取老带新的方式、教案联合编制等方式将教师的价值引领、知识与技能传授、思政素养等进行融合教学,有利于提升教师的思政教学水平,将其融入日常教学中,还可以为学生做好榜样示范教学,提高教学效果。另一方面,学校可以根据专业特点组织多种形式的"课程思政"讲课大赛、职业生涯规划与就业创业指导课程交流活动,提高教师教学能力与

---

① 崔宇.职业生涯发展与就业指导课程教育中的大学生思想政治教育作用研究与探索[J].西部素质教育,2021(24):197.
② 李波,汪友仁,刘莉杨.思政元素融入大学生职业规划与就业指导课程的有效途径研究[J].丝路视野,2020(25):102.

实践能力,引导学生树立正确的就业观。

教师是学生职业生涯规划教育的组织者和领导者,对学生职业生涯规划起着决定性作用,因此,必须提高教师职业生涯规划素养。在课程思政理念下,高等学校应加大对在职教师的培养力度,提高其思想政治素质,使其成为"有理想信念、有道德情操、学识渊博、有爱心"的"四有"优秀教师。

七、拓展校企合作的教学模式,规范就业指导教育评价

"课程思政"工作的高质量发展,需要督导与科学的教学评价,要严格规范学校专家不定时听课、教研室同事随课听课等,并将"课程思政"作为一项重要的督导指标,对其进行监督,以提高教师的素质。[①] 另外,要以教务处的专家会议和教务制度为依据,科学地改革学生评教。由于受诸多因素的限制,难以客观、全面地反映问题,而网上评价往往是在期末后进行的,多数学生出于社交心理,反馈不够及时,因此,要改变传统的相对固定的教学方式,采取灵活、及时的反馈方式。比如,在课后通过随机发放的匿名问卷,教师也可以通过微信、QQ 等方式与学生交流,了解他们的想法,及时改正。在教育评价方面,可以通过阅读、考试、发放问卷等多种形式,强化对教师的评价。[②] 学校可与知名企业合作开拓校企合作的教育模式,以情境创设,讨论因材施教等方式进入企业内部,完成校企合作对职业生涯规划与就业创业指导教育的新突破。同时结合学生的实际学习情况,对职业生涯规划与就业创业指导进行合理的教学评价,发现问题,解决问题。

八、建立大学生心理咨询室,为学生提供职业生涯规划服务

大学生心理咨询室的设立是解决大学生在学习、生活、职业生涯规划与就业创业过程中所面临的种种问题,对促进大学生心理健康起着重要作用。通过对大学生开展职业生涯规划教育,让他们在了解自己、了

---

① 康凌宇.大学生职业生涯规划与就业创业指导课程实践教学体系构建[J].卫生职业教育,2019,37(03):11-13.
② 杨洋.高校大学生职业生涯规划中常见的心理健康问题及解决对策[J].教书育人(高教论坛),2022(27):57-59.

解社会的过程中,不断提高自己的综合素质。建立大学生心理咨询室能够为学生提供良好的心理交流场所。通过专业咨询师、辅导员等专业人员与大学生进行交流沟通,能够及时了解大学生在学习、生活、职业生涯规划与就业创业等方面存在的问题,并给出合理、有效的解决方案。在高校开展职业生涯规划教育过程中要注重对学生进行心理疏导和压力排解。通过专业的咨询教师和辅导员的指导与帮助,可以让大学生了解到社会对人才培养方面的要求,并让大学生提前了解到企业对人才素质方面要求高、就业压力大、就业形势严峻等问题,进而在大学期间提升自身竞争力。利用职业生涯规划与就业创业指导服务,能够有效地解决大学生在学习、生活和就业过程中存在的问题,这样才能更好地促进大学生的就业竞争力。

九、适当融入一些价值引导,推动考核考评方式创新完善

大学生职业生涯规划与就业创业指导相关课程目标可以适当地融入一些价值引导,这也有助于学生树立较为完善的价值观等。思政教育之下要求教学中需要加入社会主义核心价值观,引导学生认识到社会发展与个人发展之间的紧密联系,从长远角度以及社会角度之下来树立自己的职业理念,对学生开展理想信念教学、爱国主义教学等,最终培养出具有一定专业能力,同时也有着良好职业道德的人才,促进我国进一步发展。例如,教学过程中可以帮助学生找到一些职业中的事例,让学生认识到职业中涉及的一些坚定的信念、价值观,等等,教师也可以以身作则,在教学过程中优化课程设计,对待工作严谨认真,这也能够让学生潜移默化地学习到职业中认真的态度。在对课程目标进行设置时,教师也应该时刻认识到价值观对于学生发展有着较大的影响,所以在学习专业技能的同时,要将树立学生职业观这一点融入教学目标中,真正将课程思政融入教学,以此来进一步促进学生价值观的形成,促进学生对职业规划的认识,加强学生能力。

参考文献

[1][美]格林豪斯.职业生涯管理[M].王伟,译.北京:清华大学出版社,2014.

[2]陈宝凤.大学生职业生涯规划[M].哈尔滨:黑龙江大学出版社,2016.

[3]陈彩彦,兰冬蓉.大学生职业生涯规划[M].北京:航空工业出版社,2018.

[4]陈丹,何萍.大学生体验式生涯管理[M].北京:机械工业出版社,2013.

[5]陈梦薇,刘俊芳,李晓萍.生涯规划与职业发展[M].南京:东南大学出版社,2015.

[6]陈姗姗,吴华宇.大学生职业生涯规划与就业创业指导[M].北京:中国经济出版社,2012.

[7]程智勇.大学生创新创业素质培养与能力提升[M].成都:西南交通大学出版社,2021.

[8]迟云平.职业生涯规划[M].广州:华南理工大学出版社,2019.

[9]崔邦军,薛运强.大学生入学教育与职业发展规划[M].北京:北京理工大学出版社,2018.

[10]杜鹏举,罗芳.大学生创新创业基础[M].北京:中国铁道出版社,2018.

[11]杜喜亮.赢在职场 职业生涯规划与就业指导[M].济南:山东人民出版社,2010.

[12]方伟.大学生职业生涯规划咨询案例教程[M].北京:北京大学出版社,2015.

[13]高静,吴梦军.迈向职场成功之路 职业发展与就业创业指导[M].济南:山东人民出版社,2015.

[14]龚芸,辜桃.大学生职业取向与职业规划[M].北京:中国社会出版社,2017.

[15]顾雪英.大学生职业生涯发展与管理[M].南京:东南大学出版社,2013.

[16]韩庆红.大学生职业生涯管理[M].华中科技大学出版社,2011.

[17]韩旭彤,张录全.大学生职业规划与就业创业指导[M].北京:

现代教育出版社,2013.

[18] 黄娟.大学生创新创业素养的培养路径与策略 [M].昆明:云南大学出版社,2021.

[19] 黄奕.创新创业基础教育 [M].北京:中国言实出版社,2020.

[20] 李保城,刘效强.大学生职业发展与就业指导 [M].济南:山东人民出版社,2014.

[21] 李花,陈斌.大学生职业发展规划与就业指导 [M].北京:北京师范大学出版社,2012.

[22] 李建庆.大学生创新创业教育研究 [M].成都:四川大学出版社,2019.

[23] 李可依,毛可斌,朱余洁.大学生职业生涯规划 [M].上海:上海交通大学出版社,2017.

[24] 李明慧.大学生创新创业理论与技能指导 [M].成都:四川大学出版社,2021.

[25] 李培山.大学生职业生涯规划与就业 [M].大连:辽宁师范大学出版社,2017.

[26] 李晓波,杨志春,徐惠红,王飞,庄蕾.大学生职业生涯规划与发展(第 2 版)[M].北京:化学工业出版社,2014.

[27] 李永芳,沈素军.大学生创新创业指导 [M].北京:航空工业出版社,2017.

[28] 李子毅,刘佩.大学生创新创业指导 [M].北京:北京理工大学出版社,2019.

[29] 林海英.全民阅读 从零开始学创业 [M].北京:中国华侨出版社,2015.

[30] 刘延,高万里.大学生创新创业基础 [M].武汉:华中科技大学出版社,2020.

[31] 刘怡,乔岳.创新创业新思维 [M].济南:山东教育出版社,2022.

[32] 刘玉升.大学生职业生涯规划与就业指导 [M].苏州:苏州大学出版社,2018.

[33] 龙玉祥,张承龙.大学生创新创业基础 [M].武汉:华中师范大学出版社,2018.

[34] 罗建国.大学生创新创业概论 [M].北京:煤炭工业出版社,

227

2018.

[35] 孟喜娣, 王莉莉 . 职业生涯规划 [M]. 北京 : 北京邮电大学出版社, 2017.

[36] 明照凤 . 大学生职业生涯规划 [M]. 济南 : 山东人民出版社, 2013.

[37] 邱广林 . 职业生涯导航 [M]. 广州 : 暨南大学出版社, 2013.

[38] 邱仲潘, 叶文强, 傅剑波 . 大学生职业生涯规划 [M]. 北京 : 清华大学出版社, 2017.

[39] 任国升, 高雪升 . 大学生职业生涯规划与就业指导 [M]. 石家庄 : 河北大学出版社, 2011.

[40] 任晓剑, 姚树欣 . 大学生职业规划与创新教育 [M]. 国家行政学院出版社, 2017.

[41] 邵晓红 . 大学生职业生涯与发展规划 [M]. 北京 : 北京大学出版社, 2011.

[42] 盛义保, 付彦林 . 大学生创新创业教育基础 [M]. 合肥 : 合肥工业大学出版社, 2020.

[43] 石国亮 . 大学生创新创业教育 [M]. 北京 : 研究出版社, 2010.

[44] 宋建卫, 魏金普, 杨洪瑞 . 大学生创新与创业教育 [M]. 北京 : 北京理工大学出版社, 2021.

[45] 苏文平 . 职业生涯规划与就业创业指导 [M]. 北京 : 中国人民大学出版社, 2016.

[46] 覃玉荣 . 职业规划能力提升与就业指导 [M]. 上海 : 上海交通大学出版社, 2014.

[47] 谭禾丰 . 职业生涯规划与就业指导 [M]. 北京 : 机械工业出版社, 2016.

[48] 田永伟, 吴迪 . 大学生职业发展指导 大学生生涯发展定位和职业生涯规划 [M]. 北京 : 光明日报出版社, 2019.

[49] 王东方, 任美英, 祁少华 . 创新创业基础 [M]. 厦门 : 厦门大学出版社, 2021.

[50] 王俊 . 职业生涯规划 [M]. 南京 : 东南大学出版社, 2016.

[51] 王林, 王天英, 杨新惠 . 大学生职业生涯与就业指导 [M]. 北京 : 中国铁道出版社, 2018.

[52] 王青迪 . 大学生创新创业教育与就业指导 [M]. 上海 : 上海三联

书店,2019.

[53] 王兆明,顾坤华.大学生就业创业实务 修订版 [M].苏州:苏州大学出版社,2017.

[54] 吴继霞,吴铁钧,黄文军.大学生生涯发展规划理论与实务 [M].苏州:苏州大学出版社,2012.

[55] 吴增源,钮亮,虎陈霞.电子商务创业管理 [M].上海:上海交通大学出版社,2015.

[56] 武林波.规划自我 启程远航 大学生职业生涯与发展规划 [M].银川:宁夏人民出版社,2017.

[57] 夏雨,李道康,王苇.大学生职业发展与就业创业 双色版 [M].上海:上海交通大学出版社,2016.

[58] 肖利哲,王雪原.大学生职业生涯规划理论与设计 [M].北京:科学出版社,2011.

[59] 谢彩英.织梦 职业生涯规划 [M].广州:华南理工大学出版社,2010.

[60] 谢珊.新编大学生职业生涯规划与就业指导 [M].北京:中国轻工业出版社,2017.

[61] 徐凯.大学生职业生涯规划与就业创业指导 [M].西安:西安电子科技大学出版社,2016.

[62] 许文刚.大学生创新创业训练与实践指导 [M].北京:北京理工大学出版社,2020.

[63] 杨红英.大学生职业生涯规划 [M].昆明:云南大学出版社,2015.

[64] 于广东,鲁江旭等.大学生职业生涯规划与就业指导 [M].北京:中国轻工业出版社,2016.

[65] 张瑞英,刘克非.大学生职业生涯规划与就业指导 [M].北京:北京理工大学出版社,2013.

[66] 张晓蕊,马晓娣,岳志春.大学生创业基础 [M].北京:北京理工大学出版社,2019.

[67] 张义明,李强.我的大学我做主 大学生职业生涯规划 [M].杨凌:西北农林科技大学出版社,2012.

[68] 张月云,张晗,李晓云.创业基础 [M].天津:南开大学出版社,2019.

[69] 张再生 . 职业生涯规划（第 5 版）[M]. 天津：天津大学出版社，2014.

[70] 章加裕，余康发，陈树发 . 大学生就业指导概论 [M]. 成都：西南交通大学出版社，2009.

[71] 郑楠，闫贤贤，黄卓 . 大学生创新创业教育 [M]. 北京：北京理工大学出版社，2018.

[72] 钟召平，王剑波，李瑞昌 . 大学生职业规划与就业创业指导 [M]. 济南：山东人民出版社，2013.

[73] 祝杨军 . 生涯教育的逻辑 [M]. 北京：首都师范大学出版社，2018.